江小北与龙小山的法律学习之旅

宪法

公民的一种生活方式

主　编｜徐　骏　陈　宇
副主编｜倪欣瑶　周昭言　缪诗瑶

法律出版社 LAW PRESS · CHINA
北京

图书在版编目(CIP)数据

宪法：公民的一种生活方式／徐骏，陈宇主编；倪欣瑶，周昭言，缪诗瑶副主编. -- 北京：法律出版社，2023(2024.3 重印)
(江小北与龙小山的法律学习之旅)
ISBN 978-7-5197-8072-2

Ⅰ. ①宪… Ⅱ. ①徐… ②陈… ③倪… ④周… ⑤缪… Ⅲ. ①宪法-案例-中国 Ⅳ. ①D921.05

中国国家版本馆 CIP 数据核字(2023)第 124351 号

宪法:公民的一种生活方式
XIANFA: GONGMIN DE YIZHONG SHENGHUO FANGSHI

徐 骏 陈 宇 主 编
倪欣瑶 周昭言 缪诗瑶 副主编

策划编辑 冯雨春 李 军
责任编辑 冯雨春 李 军
装帧设计 汪奇峰 贾丹丹

出版发行 法律出版社
编辑统筹 法律应用出版分社
责任校对 王 丰
责任印制 刘晓伟
经 销 新华书店

开本 710 毫米×1000 毫米 1/16
印张 10.5 字数 100 千
版本 2023 年 8 月第 1 版
印次 2024 年 3 月第 3 次印刷
印刷 天津嘉恒印务有限公司

地址:北京市丰台区莲花池西里 7 号(100073)
网址:www.lawpress.com.cn
投稿邮箱:info@lawpress.com.cn
举报盗版邮箱:jbwq@lawpress.com.cn
销售电话:010-83938349
客服电话:010-83938350
咨询电话:010-63939796

书号:ISBN 978-7-5197-8072-2
定价:45.00 元
凡购买本社图书,如有印装错误,我社负责退换。电话:010-83938349

总 序 General Preface

让我们一起开启一场有"yi"的法律之旅吧

一

在法学教育工作中，我们观察到一个现象：孩子们选择法学专业的原因种种不一，但往往有迹可循。

譬如说，有的孩子怀有与生俱来的正义感，在他们朴素却真挚的情感里，法官能够手执天平，捍卫世间公平正义；律师能够口若悬河，拯救众生于泥淖。当然，在这些孩子眼里，最有光环的还是警察和检察官，他们头顶国徽，一身正气地代表国家除尘涤垢。

还有的孩子要现实得多。他们或是目睹至亲陷入法律困局而无法自救，或是听闻好友权益受损但不知所措，虽心有戚戚却力有不逮，遂立志精研法律以解心结。还有一些孩子因亲友经商，而近水楼台地窥见了商业运作的真相，他们早熟的规则和权利意识令人讶异。

当然，因为“喜欢”而选择法学专业的才是大多数，只不过喜欢法律的原因富有浓郁的年代气息。40岁左右的法律人，大多是因为港片而初识法律，不少人在入门后方知所要面对的全然不同于港片中描述的那样，电视剧中的法政先锋、律政精英只能停留在儿时的回忆之中。再年轻些的，深受《今日说法》的熏陶，每天午间都有一个离奇、惊悚或唏嘘的法律故事吸引着他们，这些故事来自生活又高于生活，不断刷新着想象力，“诱惑”着他们把法律职业作为毕生挑战。最近这几年，孩子们的答案大多是“罗翔”，不得不说罗翔老师的“出圈”，推动了中国法治建设，至少是中国法治教育的巨大进步，他荣获“CCTV年度法治人物”，实至名归。

可以说，除了一些“随便”“都行”的孩子之外，学习法学的动机大体可以用有意义、有益处、有意思来概括。

二

2020年9月15日，南京市江北新区少年法学院正式挂牌成立。

如何把少年法学院办好？如何用孩子乐于接受的叙事方式普及法律知识？如何让法律成为孩子的守护神？如何培养孩子的法律思维，让法律像水和空气一样成为日常必需品？这样一个重大且重要的课题摆在了我们面前，我们虽觉责任重大，但又内心雀跃，因为对我们而言，即将开启的是一场有意义、有益处、有意思的青少年普法之旅。

这三年来，我们坚持每天推出“法治小课堂”，定期拍摄法治微视频，为孩子们营造浓厚的法治氛围。我们坚持每个月开展一场德法课师资培训、法治课堂或家长课堂，《宪法》《民法典》《未成年人保护法》《家庭教育促进法》《个人信息保护法》等20多场专题讲座，显著提升了师生的法治素养。我们坚持每年举行一次青少年法治活动，法治故事大赛、模拟法庭大赛、法治书画大赛以及规划中的法治情景剧大赛，覆盖新区所有中小学，孩子们通过沉浸式参赛体验，达到了自我教育的效果。我们坚持每年开展青少年法治宣传教育周、宪法日等活动，让法治节日成为孩子成长道路上的重要印迹。

应当说，少年法学院的工作有声有色，但我们内心总还是有些忐忑：通过几次讲座、几场活动，孩子们真的能准确地理解精深的法律知识吗？课堂和活动的热闹退去，孩子们脑海中的法律知识还能残存几许？高度抽象的法律知识如何映射到日常生活中，孩子们是否能够举一反三，用法律来武装自己？

三

一个偶然的机会，让我们找到了答案，也直接促成了本套丛书的问世。

2021 年，我们受邀到一个中学开展法治读书会活动。十几岁的孩子，当然得读青少年普法读物。于是，我们到网上商城选购了一些，翻阅后却发现没有特别合适的读物。有的只是对法律条文进行释义，有的通过百余字的案例来解读法律制度，还有的以绘本形式来迎合青少年的阅读需求。更让我们吃惊的是，不少读物差不多是 5 到 10 年前出版的，没有结合法律的修订更新版本。反复比较后，我们选中的是一本少年文学作家写的法律故事书，故事虽然生动，但某些表述并不准确。

这一现状激发了我们调研的热情。

我们发现，中小学《道德与法治》课程中，小学部分涉及

30部法律法规，中学部分涉及50部法律法规、6部条例和司法解释。教材有限的体量，显然无法呈现精深的法律知识全貌。况且，目前中小学使用的人教版《道德与法治》教材是2017年出版的，关于《宪法修正案》《民法典》《刑法修正案》《个人信息保护法》《长江保护法》《家庭教育促进法》《反食品浪费法》等最新立法都无从体现。

同时，我国中小学尚未配备一支具有法律专业背景的德法课教学师资队伍。部分德法课教师对法学基础理论、法律规范内容都是一知半解，在教学过程中经常有想不清、拿不准、说不对的情况，如果学生的提问超出教材范围，教师们往往无法解答，他们迫切需要一套权威、翔实、管用的参考书目。

毫无疑问，编写一套青少年法治教育读物，不仅是一件特别有益的事情，而且是一项有意义的工作。

四

我们在编写前，确定了几个基本的原则。

第一，要融入习近平法治思想、社会主义核心价值观与基础法学理论。本套丛书不仅仅简单地通过案例故事，链接法规法条，讲述行为规范，更注重坚持马克思主义立场观点方法，植根于中华优秀传统法律文化，比较人类法治文明的成果，潜移默化地讲清讲透坚持党的领导、坚持以人民为中心、坚持建设中国特色社会主义法治体系等宏大命题的理论基础和现实意义，深入浅出地阐释依法治国与以德治国、社会主义核心价值观与依法治国的内在统一关系，初步建立学生对法的概念、对象、本质、价值等基础法学理论的直观、形象、科学的认知。

第二，动态呈现最新立法理念和成果。要科学及时地反映中国特色社会主义法治体系建设的最新成果，融入《宪法修正案》《民法典》《刑法修正案》《个人信息保护法》《长江保护法》《家庭教育促进法》《反食品浪费法》等最新法律法规。并以修订本、在线教学资源、视频教学资源等形式实时动态反映立法、执法与司法的最新成果。

第三，贴合青少年现实需求，分类编写系列法律读物。以法学二级学科为主要依据，以与青少年成长密切相关的法律问题为主要内容，第一辑先行编写宪法、民法典、未成年人保护法、环境保护法等分册，并陆续推出刑法、反电信网络诈骗法、行政处罚法、消费者权益保护法以及应对气候变化、公共卫生与自然灾害应急管理等领域的读物。

第四，尊重中小学教学规律，填补青少年法治教育资源空白。在编写中严格遵循教育学、心理学等学科的基本规律，同时依托江北新区少年法学院，对每一章节进行试讲试用，根据课堂教学反馈调整完善，确保本套丛书文字简练、语言生动、贴近生活、故事性强，成为青少年喜闻乐见的教辅读物。

第五，充分吸收中华优秀传统法律文化与人类法治文明优秀成果。出版中华法治小故事和世界法治小故事分册，以中华优秀传统法律文化增强“四个自信”，从人类法治文明的优秀成果中拓宽视野，做到包容开放。这也是当前市面所售的青少年法治读物从未有过的尝试。

五

给孩子写的法律书，必须是有趣的。

我们把故事的主人公设置为在江北新区工作、学习的一家四口。

江小北是八年级女生，今年 14 岁，成绩优秀，懂事乖巧，富有正义感和同理心；龙小山是江小北的弟弟，今年 8 岁，刚上二年级，成绩中等，懵懂淘气，富有好奇心和创造力。小山随爸爸姓，小北随妈妈姓。

龙爸爸是一家生物医药公司的首席科学家，今年45岁，兢兢业业，事业处于上升期，对孩子们细致耐心，热心于公益事业；江妈妈是一家电子商务公司的销售主管，42岁，公司的业务骨干，也是孩子们生活和精神上的依赖。

我们身边是不是有很多这样的家庭，甚至我们自己就生活在这样一个温暖的家庭中呢？在他们身上发生的很多开心的事、头疼的事、难过的事，也一定是在我们生活中所经历过的。

但是，无论遇到什么样的事情，你会发现，江小北和龙小山他们一家人只要正确地运用法律武器，就能够保护自己、帮助他人、维护公平正义。他们在法律的学习之旅中不断进阶，法律知识也日益融入他们的日常生活。

相信随着阅读的深入，你会喜欢上这一家人，会为他们的收获而开心，为他们的困难而担心，为他们的烦忧而难过。更重要的是，在这样一段有“yi”的法律旅程中，你也一定能成长为法律知识小达人。

六

最后照例是感谢。

除了有意义、有益处、有意思，“yi”还有很多特殊的含义。

（1）始终如“yi”（一）。本套丛书的问世离不开南京信息工程大学、江北新区综合治理局、江苏博事达律师事务所等单位领导的高度认可，尽管这不能算作任何一家单位的KPI（关键绩效指标），但他们自始至终给予了最大的人力和物力支持。

（2）深厚情“yi”（谊）。本套丛书的问世得到了很多朋友的无私帮助。江北新区教育和社会保障局、南京信息工程大学附属实验小学、南京建宁中学等诸多单位的志同道合者，为丛书贡献了许多“金点子”，并提供了调研和试讲的机会。常欣妍警务工作室为插图提供指导，丛书中“常警官说”的人物肖像，就来自她的慷慨授权。

（3）仁心胜“yi”（医）。本套丛书能得到法律出版社的青睐，是对我们努力的最大肯定。法律出版社在选题、编辑、设计、装帧、审校各环节无不表现出专业、严谨、细致，确保能高质量地完成。能遇到责编李军，更是我们的幸运，她专业细致的指导，“007”般的在线响应，不厌其烦的答疑，有求必应的反馈，医治了丛书中一个又一个错讹。

（4）坚定不“yi”（移）。编写团队的成员有教师、国家公务员和资深律师。每位编写者都有着繁重的主责主业，拥有着“回报”率更高的工作。但每一个人都不计得失，经常用节假日的时间聚在一起，开展调研和讨论，有始有终，没有一个人中途掉队。法政学院的一些本科生和研究生也参与了故事的创作，可以说他们就是江小北本北和龙小山本山，他们的创新、高效和坚持值得点赞，他们与江小北和龙小山的共同成长必将成为值得珍藏的特殊记忆。

编委会

2023年5月4日

序
Preface

宪法学是法科生大一的必修课。在宪法学的第一堂课上,我总是以这样一个问题开场:“宪法是什么?”

可能是矜持、害羞,也可能是不屑于回答这么简单的问题,教室里通常是静悄悄的。不过,只要有第一个同学站出来,大家就变得踊跃起来。

“宪法是国家的根本法。”

“宪法规定了国家的根本制度和根本任务。”

“宪法具有最高的法律效力、法律权威、法律地位。”

“宪法是治国安邦的总章程,是党和人民意志的集中体现。”

“宪法是母法,任何法律不得与宪法相抵触。”

……

都对!学生们的回答非常标准,毕竟是严苛的高考选出的优秀孩子。

我接着提出第二个问题:“谁能举出一个在生活中运用宪法的例子?”

教室再次归于宁静，却不是因为矜持、害羞或不屑。看得出大家在努力思考，但极少有学生能给出一个差强人意的答案。

答不出来没关系，我还有第三个问题："大家觉得宪法管不管用？"

尚困扰于第二个问题的学生们，变得不自信起来："应该管用吧？不对，是必须管用呀！但是，怎么就想不出生活中的宪法事例呢？"

这个"套路"我用了20多年，屡试不爽。但我相信在课程结束后，学生们都有了自己的答案。

这个答案一定不是教科书上的标准答案。

我们从小都学过"盲人摸象"的寓言故事，这个故事脍炙人口以至于我没有必要进行复述。标准答案是这样的：这个故事告诉我们，看待问题一定要全面，不能像盲人一样仅凭表面现象或局部经验，就妄称掌握了真理。

大象是什么？百度百科告诉我们：大象是长鼻目象科的哺乳动物，有两个属，是世界上最大的陆生动物。

孩子们，背住这个概念，你们就明白什么是大象了吗？

我想一定不是这样。相反，孩子们对大象的认识恰恰是从一堵墙、一截树干、一根水管、两把蒲扇开始的，这更符合人们，特别是孩子们的认知规律，否则百度百科为什么要在

“大象”的词条中附上各种大象的图片呢？

我们可以拒绝盲人过于绝对的结论，但我们不能否认他们在归纳大象特征时作出的贡献——如果足够包容，我们可以把这些贡献称为局部真理。

事实上，相较于无垠的“未知”，人类的“已知”微不足道。对事物阶段性的、局部性的认知，为更全面地发现真相提供了多元的方法、视野和结论。即使是学习人类的“已知”，也不能直接把结论扔给学习者。在现象和本质之间循环往复，在实践和理论之间重现验证，才是真正掌握知识的必由之路。

所以，什么是宪法？在这本书里，我同样会把“套路”坚持到底，我不会告诉你们教科书上的概念。除少部分未来把法律当作专业或事业的人外，只掌握概念反而会让你们觉得宪法很“生分”。

江小北和龙小山在短短一年中的各种经历，已经生动地回答了第二个问题——宪法在生活中无处不在。当宪法像水和空气一样，在你生活中须臾不可或缺，却又令你自在而浑然不觉的时候，宪法权威、宪法尊严、宪法信仰、法治文明这些词语将会如春雨般沁入每个公民的心田，成为一种生活方式。

所以，你们觉得宪法管用吗？

我期待你们给出比江小北和龙小山更为精彩的答案。

人物介绍

江小北（八年级女生，14岁，姐姐，成绩优秀，乖巧懂事，富有正义感和同理心）

龙小山（二年级男生，8岁，弟弟，成绩中等，懵懂淘气，富有好奇心和创造力）

龙爸爸（生物医药公司的首席科学家，45岁，兢兢业业，事业处于上升期，对孩子们细致耐心，热心于公益事业）

江妈妈（电子商务公司的销售主管，42岁，公司的业务骨干，是孩子们生活和精神上的依赖）

目 录

Contents

001 1. 请投我一票

009 2. “悠闲”的体育老师

017 3. 不一样的答卷

024 4. 特殊的一部分

032 5. 屏幕那端的你

040 6. 我也有话说

049 7. 今天我当“兵”啦

056 8. 灯与影之梦

063 9. 失踪的龙小山

071 10. 被删除的 QQ 好友

11. 龙小山打工记 078

12. 夏日奇妙际遇 088

13. 守护一个秘密 096

14. 同一片阳光 104

15. 民宿里的“眼睛” 112

16. 没有规矩，不成方圆 119

17. 星期七 128

18. 最可爱的人 135

1 请投我一票

龙小山家里来了个新成员——小宪，这是妈妈公司新研发的一款法律智能机器人。这可把龙小山开心坏了，一放学，他就和小宪聊上了。

“小宪小宪，你知道我是谁吗？”

“当然。你是龙小山，你今年8岁，在未来小学上二年级，你有一个姐姐，叫江小北，在未来中学上初中二年级。”小宪流利对答。

“嘿！姐姐你来看看！它还真的什么都知道！”

“知道了知道了，我现在没空，你先自己一个人玩玩吧。”姐姐在房间里回话。

“那爸爸你来看看吧，小宪它懂得好多！”小山又向爸爸发出邀请。

“你先自己玩会儿吧，爸爸正在准备竞选的材料呢！”

怎么没有一个人来陪自己玩啊，小山郁闷地走回了自己的房间。

江小北不是不想陪弟弟玩，她也想看看家里新来的机器人。可是这几天为了竞选班长，她已经忙得焦头烂额了。

初一刚入学时，小北作为代理班长兢兢业业为同学们做了不少事，大家说起小北也都是竖起大拇指，按理说这次竞选应该没有什么悬念。谁知半路杀出来个程咬金，她们班的宣传委员陈晨高调宣布，她要竞选班长！

你说来就来吧，只要是公平竞争，小北挺有自信能赢的。但是陈晨自从报名竞选之后，连续一周请全班同学吃糖，吃零食，还把限量版的冬奥会吉祥物“冰墩墩”借给同学们玩，她甚至扬言

"投我陈晨一票，保准你们以后吃香的喝辣的"！这可把小北气坏了，如果这些小恩小惠就让大家动摇了，那她一直以来的努力算什么！

江小北不服气，她决定在竞选宣言上下功夫，发誓要给同学们带来真正的实惠：比如，每周班会都置办一些零食饮料；每个月组织集体生日会，为当月过生日的同学一起庆祝生日；每季度组织大家社会实践出去玩……哼，我江小北就不信大家看不出谁是真心为大家好！

晚饭时间，江小北向全家宣读了自己的竞选宣言。

"怎么样，你们说说，我这个竞选方案是不是特别完美！"江小北脸上已经洋溢着胜利的喜悦了。

"小北，你列出这么多计划，最后能实现吗？你们现在初二，明年就初三了，哪还有这么多时间天天玩啊？"妈妈发出疑问。

"爸爸，你怎么看？"江小北看向爸爸，期望能得到爸爸的肯定。

"小北，我觉得竞选这件事情还是要脚踏实地，做一些力所能及的事情。你看，你现在向同学们许诺这么多，之后如果没完成，你的信用是不是在同学那里大打折扣了？你应该像以前一样，当好老师的小助手，做好老师和同学们沟通的桥梁，实实在在地为大家解决问题和困难，大家肯定觉得你这个人踏实能干，就会投你一票了。”爸爸说。

“老龙，你们人大代表的选举现在进展还顺利吗？”看着江小北若有所思的样子，妈妈放下心来，关心起龙爸爸的竞选进展。

“按照法律规定，人大代表的选举必须是差额选举。我和销售部的李总是选举委员会确定的两名候选人，最终要从我们两人中选出一人。”龙爸爸沉吟着说。

“爸爸必胜！”龙小山边喊边比了一个剪刀手。

“这个嘛，还真不好说。最近李总把今年公司的销售业绩做了图表，见人就发一张。我看了一下，利润竟然比去年翻了一番，大家想着年终奖能多拿不少，直夸李总能干，都说要把票投给他呢。”龙爸爸忧心忡忡地说完，全家陷入了沉默。

“龙爸爸不要急。人大代表是代表人民行使国家权力，并不是代表公司去创造效益，为公司的一小部分人谋福利。所以能否选上关键是看有没有为大家服务的意愿和能力。”小宪嘀嘀地闪烁着头顶的 LED 灯，打破了空气中的尴尬。

“那我给爸爸投一票！”

“傻孩子，你还没有成年，是没有选举权的。”妈妈忍俊不禁道。

“什么？不都是投票吗？我也参加过班级的选举，投过票，怎么现在不可以了？”龙小山不理解妈妈的意思。

“小宪小宪，我可以给爸爸投票吗？”龙小山转头去问小宪。

“龙爸爸参加的是地方人民代表大会代表的选举，和你参加的班干部选举可不是一回事。我们国家宪法和选举法上所说的选举，只能是选举全国人民代表大会和地方各级人民代表大会的代表，也只有年满 18 周岁的公民才有资格投票。所以你虽然能参加班干部的选举，但因为不到 18 岁，是不能为龙爸爸参加人大代表的选举投票的。”小宪耐心地给小龙解释。

“哎，小宪，你能说慢点吗，那个什么什么大会的代表，我没听清楚呀。”龙小山急得嚷了起来。

“小宪先说的是全国人民代表大会的代表，人数不超过 3000 人。他们代表的是全国 14 亿人民，讨论并决定关系整个国家的大事。爸爸参加的是区人大代表的选举，也就是小宪说的地方人民代表大会的代表，是代表我们这个地区的老百姓，讨论并决定我们这个地区的大事。”龙爸爸为小山解答。

“小宪小宪，那你给我的班长竞选出出主意呗！”江小北发现小宪这么厉害，也跃跃欲试问起问题来。

“脚踏实地做事情，不要开空头支票。你一定可以的。”

“唉，搞半天还是只有这一个方法啊！”江小北仰天长叹。

“傻孩子，这世上做事没有什么捷径，只要咱们踏踏实实地做事情，结果不会差的。好了，吃完饭就去准备竞选稿吧！咱们都要为自己的责任和荣誉去争取啦！”爸爸摸摸江小北的头说道。

大家好，我是龙爸爸，我能够模范地遵守宪法和法律，履行代表的职责，同大家保持密切的联系，反映大家的意见和要求，代表人民的意志，参与讨论和决定我们区的重大问题。我将努力提高自己的参政议政能力，全心全意为大家服务，请投我一票！

大家好，我是江小北，我竞选的职位是班长。我希望可以在接下来的日子里继续为大家服务。我未来会做到以下几点：划分学习小组，开展学习帮扶活动，营造良好的班级学习氛围；开展形式多样的班会活动；同学们有困难找我，我一定在力所能及的范围内给予帮助……漂亮的话我就不多说了，但我会用行动证明我会说到做到。请大家相信我，支持我，请投我一票！

常警官说

国家政权应该怎样组织？国家应该怎样治理？这是一个关系国家前途、人民命运的根本性问题。经过实践探索和理论思考，中国共产党找到了答案。1954 年，中华人民共和国的缔造者们，同经过普选产生的 1200 多名全国人大代表一起召开了第一届全国人民代表大会第一次会议，通过了《中华人民共和国宪法》，从此建立起我国的根本政治制度——人民代表大会制度。

事实证明，在我们这样一个有 5000 多年文明史、人口众多的国家建立起人民当家作主的新型政治制度，放眼世界都是具有划时代意义的。

法条链接

《中华人民共和国宪法》

第三十四条 中华人民共和国年满十八周岁的公民，不分民族、种族、性别、职业、家庭出身、宗教信仰、教育程度、财产状况、居住期限，都有选举权和被选举权；但是依照法律被剥夺政治权利的人除外。

思考与讨论

1. 外国人能参加我们国家的人大代表选举吗？不能辨识自己行为的精神病人呢？

2. 如果将来你有机会当选人大代表，你希望能为人民做哪些事情？

2

“悠闲”的体育老师

“搞什么！体育老师又‘生病’了？”

“我不想上数学课啊！”

“体育老师为什么不锻炼锻炼身体，怎么天天‘生病’啊！”

上课铃响了，可是班里还是闹哄哄的，大家刚刚得知体育老师又“生病了”，这节体育课要由数学老师代上的“噩耗”，教室里一片哀嚎。

江小北坐在座位上，作为当选不久的班长，她当然不能跟着大伙一起抱怨，但也在心里默默地数着：“一次、两次、三次……他们竟然有一个月没有上过体育课了。上次的体育课是体育老师出差，物理老师代上，上上次是体育老师回老家，英语老师代上。这次体育老师干脆直接‘病倒’了！”江小北越想越郁闷，课表上一周两次的体育课像盲盒一样，语文、数学、英语、物理、地理、生物随机开出，唯独开不出正主体育课！

放学回到家后，江小北坐在自己的书桌前越想越不对劲。她今年初二，明年初三就要体育中考了！可是学校的体育课一直被别的老师占用，他们根本没有上过几节体育课，那体育中考可怎么办？江小北看着墙上贴的自己去年获得的“优秀五育学生”奖状，心里有些虚。

德、智、体、美、劳，她的体育可一点也不优秀！

其实也不只是自己，课间跑操的时候，大家还没跑完半程就气喘吁吁了；班里戴眼镜的同学越来越多了；一到课间就是此起彼伏的哈欠声，有的同学甚至上课都睡着了。

正是长身体爱运动的年龄，大家却被整天关在教室里学习文化课，哪还有活力满满的冲劲？

“小宪小宪！”江小北召唤小宪。

“我在。”

“我们有上体育课的权利，对吧！”

“当然，《中华人民共和国宪法》第46条规定：‘中华人民共和国公民有受教育的权利和义务。国家培养青年、少年、儿童在品德、智力、体质等方面全面发展。’上好体育课，进行必要的体育锻炼，提高青少年的体育素质，既是宪法规定孩子们的权利，也是学校实施宪法所必须要做的事情。”

“这就是说，老师占用我们的体育课是不对的！就算体育老师真的有事或生病了，体育课也不能不明不白就消失了，对吧？”江小北激动地站了起来。

“Bingo！答对了！”小宪嘀嘀地闪烁着头顶的LED灯，语调充满着欢快。

“那我明天一定要去找老师好好聊聊！我要捍卫我们的宪法权利！”江小北给自己打着气。

第二天到学校之后，江小北决定先去体育老师的办公室看看。

“咳咳，你怎么来了。”看到江小北，正在喝茶的体育老师被呛住了。

“老师，您的病好点了吗？”江小北故意问道。

“咳咳，好多了，咳咳，你是哪个班的学生啊？”体育老师很尴尬地问出这句话——还不是因为太久不上课了，他连自己的学生都没认出来！

“老师，我是初二五班的班长江小北。我们班已经一个月都没上过一节体育课了。”江小北郁闷地回答体育老师。

“哦哦，是这样的呀，小北，我呢，之前事情有点多，就拜托你们其他科目的老师帮我带了几节。至于被耽误的体育课嘛，以后啊，以后我一定找时间给你们补上，好吧？”体育老师脸上堆出笑容解释着。

“可是老师……”

“小张啊，我今天来再跟你商量一下……”

“孙老师？”江小北看着推门进来的数学孙老师，瞪圆了眼睛。

“哦，呵呵，小北你也在这里啊。”数学老师尴尬地笑了笑。

“那个，小张，事情咱们之后再商量哈……你先和小北聊，我走了。”数学老师刚进来又闪退出去。

“老师，你说实话，是不是孙老师来找你‘借课’啦。”江小北抱臂皱鼻看着体育老师。

“小北啊，既然你都看到了，老师也就不瞒你啦。其实啊，你们王老师、孙老师，还有其他主课的老师们，他们都特别认真，都是为你们好，是吧？你看你们现在都初二了，学习任务很紧张，所以他们就想利用体育课的时间帮你们补补课。”

“老师们确实对我们很好，”江小北赞同地点点头，“可是老师，我们初三还要进行体育中考，难道等初三再临阵磨枪吗？再说了，整天都是文化课，我们都憋坏了，也不利于更好地学习呀！”

看着张老师欲言又止的样子，江小北干脆搬出宪法这个撒手锏：“老师，宪法可是规定，国家有义务对我们进行德智体全面教育的，学校总不能违反宪法吧！”

张老师尴尬地挠着头说：“小北啊，其实我也不想这么‘悠闲’的。你说得好，我一定和其他老师好好商量，一定给你们一个满意的答案。”

果然，没过几天，小北班级就恢复了体育课。

“一二三四，二二三四……”

江小北一边转动脚踝做热身运动，一边竖起耳朵听旁边的同学们聊天："哎，你们知道吗，为什么现在体育课再也不会被'借走'了？""怎么回事，怎么回事！""听说张老师向其他老师正式宣布：他再也不想被放假啦！"

"哈哈哈！""这也太好笑了吧！""终于有人能带咱们到操场上上体育课了！哈哈哈！"

"五二三四……"江小北转身做扭转运动，她看到操场上一个一个的班级小方队正在做热身，还有在跑圈的同学，以及在空中划出优美弧线的羽毛球……江小北抬起头，看看太阳，闭上眼睛。

"在阳光下运动，真好啊！"

常警官说

曾担任北京大学校长的蔡元培先生，提出了德、智、体、美、劳"五育并举"的教育方针，以养成共和国国民健全之人格。毛主席一生酷爱体育运动，也是体育运动的积极倡导者。习近平总书记的体育爱好也特别广泛，他喜欢游泳、爬山、踢足球、武术等运动，他强调“体育是社会发展和人类进步的重要标志，是综合国力和社会文明程度的重要体现”。

同学们，加强体育锻炼，争做德智体美劳全面发展的社会主义建设者和接班人，以实际行动和优异成绩迎接未来道路上的风景吧！

法条链接

《中华人民共和国宪法》

第四十六条　中华人民共和国公民有受教育的权利和义务。

国家培养青年、少年、儿童在品德、智力、体质等方面全面发展。

思考与讨论

1. 习近平同志说，“建设体育大国和体育强国，是中国人民实现‘两个一百年’奋斗目标的重要组成部分”，你是怎样理解这句话的？

2. 如果你的学校经常占用大家的体育课，你会不会去维护你的权利呢？

3

不一样的答卷

“近日，省税务局稽查局查明，网络主播小薇，通过隐匿个人收入、虚假申报等方式偷逃税款6.43亿元……现依法对其作出税务行政处罚决定，追缴税款、加收滞纳金并处罚款共计13.41亿元。”

吃完晚饭，江小北一家人正饭后闲聊，突然被这一则新闻都震惊得说不出话来了。

“啊？这是之前我看过的那个带货主播吗？”江小北率先开口打破僵局。她实在没想到，这个主播竟然会做出这种事情——她们的作业上经常出现这个主播的事迹，表扬她对助农脱贫发展新经济的贡献……所以，这算是“塌房”了吗？江小北郁闷地想。

“她是谁啊？竟然能赚那么多钱？”龙小山不看这些直播，一点都不了解。他很好奇电视上报道的这个人究竟干了什么大事情，竟然能有这么多钱！

妈妈这会儿也有点痛心疾首，她平常还非常信任这个主播，在她的直播间买到不少优惠实用的东西，可真是没想到她会做出这种事情！

爸爸觉得这是教育他们姐弟俩的好机会：“看吧，她以前是道德模范，但在利益面前还是触碰了底线，给自己的人生交了多么差劲的答卷啊！你们马上就要期末考试了，期末考试固然重要，但人生不是只有考试，还有各方面的磨炼，在人生道路上不做坏事傻事，给自己交一份满意的答卷是最重要的。所以做人一定要言行一致，诚实守信，公众人物更要带头严守法纪！”

听完爸爸的“心灵课堂”，龙小山暗下决心一定要好好做人做事，他可不想自己的人生是不及格的。但他心中还是有大大的问号，这个税收是干嘛用的呢？为什么国家要收税呢？他回到自己的房间，躺在床上想半天，又发现了一个新问题，爸爸以前说高速路的钱是国家用这个税来建设的，那为什么每次上高速还要在收费站再交钱呢？龙小山琢磨了好久，却总是不得要领。好在家里有个万事通，得问问他。

“小宪小宪，今天那个新闻你知道了吧？还有高速路收费，爸爸妈妈说的缴税的事情，你快给我解释一下这些都是什么呀？”

“嘀嘀，收到！首先，小宪想说的是，听到那个新闻，小宪也很气愤！因为依照我国宪法，公民有依照法律纳税的义务。税收是我们国家最重要的财政来源。”

龙小山被陌生的名词给难住了："那个什么财政是做什么的呀？为什么税收这么重要呢？"

"就知道你会这么问！"小宪嘀嘀地闪了两下，"财政，简单来说，就是政府把每个人创造的财富的一部分集中起来，用来支付一些公共服务的费用，比如，我们常见的公路、公园、公交……"

"还有公厕！"小山调皮地插嘴说。

"那是不是凡是带'公'的就都和财政有关系啊？"龙小山若有所思，"公人？哎，不对，是工人。哦，对了，还有公司，公司！"

"小山，可不能这么简单地一概而论哦，汉语可是博大精深呢！幸好我是新一代产品，有自主学习的能力，我的前辈好多都被汉语给难住了呢！"小宪不忘刷一波存在感，"好吧，我们言归正传，公司恰恰好多是由个人开的，自负盈亏。不能看到'公'这个字，就说它一定和公共事务相关，如公寓，其实就是私人住所呀！"

"那不带'公'的是不是就和财政无关呢？"龙小山这次变得谨慎了。

"那可不是。机场、铁路、学校、医院，在我们国家大多数都是由财政兴建的。"小宪耐心地解释，"这些公共服务都需要财政资金来支付。那这些钱从哪里来呢，这就是税收。每个人都应当按照法律的规定缴税，只有大家都自觉地足额缴税，我们的公共服务才会更多、更好！如果大家都想偷税漏税，国家就没办法正常运转啦！所以违反税收法律的人，就应当受到法律的惩罚！”

“原来是这样！所以那个主播因为没缴税被罚了那么多钱！”龙小山学得也很快，立马联想到新闻了。

“除了公共服务支出之外，税收还有很多用处呢。我们可以通过把富裕地区和高收入者交的一部分税收，去帮助欠发达地区和当地的老百姓，来实现共同富裕。我们还可以用税收补贴一些创新型企业，鼓励他们研发高科技产品。呃，可以这么说吧，如果没有税收的支持，就没有我呢！”小宪骄傲地“嘀嘀嘀嘀”地亮起了灯。

龙小山没想到他以前没注意到的这部分钱，竟然发挥了这么大的作用！

“既然是财政出的钱，为什么走高速还要收费呢？”龙小山发现还有一个问题没有解决。

“高速公路的建设所需要的钱特别多，除财政资金外，还有一部分来自银行贷款和公司的投资。这一部分是需要通过收取使用费来偿还的。再说了，高速公路修好后，还需要支付清扫、整修、管理等日常费用。另外，从经济学上来说，让使用者支付费用才会更有效率。当然，这又是一个很大的话题，我们以后再聊吧。”小宪说得都有点“口干舌燥”了，自己走近墙角充电去了。

管理一个国家可真不容易啊！龙小山想，我一定要努力学习，这样才能更好地建设祖国！当然，还要做一个诚实守信、依法纳税的好公民，不但要在考试中交一份合格的答卷，还要在生活中交一份令自己满意的答卷！

常警官说

税收是一个非常古老的经济现象。最早出现在夏朝的税收雏形——贡，距今已有4000多年的历史。

我国开征的税收种类多样，在国家税务总局官网上可以查询到，税种一共有十八种，并将其分为以下五类。

（1）流转税：增值税、消费税、关税。

（2）所得税：企业所得税、个人所得税。

（3）资源税：资源税、城镇土地使用税、土地增值税。

（4）财产税：房产税、契税、车辆购置税、车船使用税。

（5）行为税：印花税、烟叶税、环保税、船舶吨税、耕地占用税、城市维护建设税。

纳税是每个公民应尽的义务。

法条链接

《中华人民共和国宪法》

第五十六条　中华人民共和国公民有依照法律纳税的义务。

思考与讨论

1. 发票是消费者的购物凭证，也是税务部门进行税务管理的基础和依据。你在生活中有没有遇到过店家以赠送饮品代替开发票的情况呢？商家这样的行为会有什么样的法律问题呢，你又该如何处理？

2. 明星、网红偷税漏税的现象屡见不鲜，你有什么好建议来制止这类行为呢？

4

特殊的一部分

忙碌了一学期，终于快放假了。在本学期的最后一天，江小北除了获得意料之外的“市三好学生”的奖状之外，还收获了情理之中的寒假作业。

可能是因为“双减”政策吧，她们的作业和去年初一的时候相比竟然少了许多！不过，量虽然减少了，但老师对质的要求可从来没有改变。就拿历史作业来说吧，老师布置的不再是一本寒假作业，取而代之的竟然是一篇“小论文”！历史老师给大家布置这项任务的时候特别说明了希望大家能善于发现生活中的历史问题，并围绕此问题，结合自己的思考写下一篇文章。

江小北还没有跳出以往思维的局限，仍然停留在教条的“一问一答式”的作业上。现在面对老师布置的这么别出心裁的作业，她抓耳挠腮，不知所措。

寒假已经过去一周了，江小北其他科的作业已经完成得差不多了，只剩下历史作业还迟迟没有动笔……

春节马上就要到来，像是趁着这欢快的新年气氛似的，妈妈带来了一个好消息：舅舅要回来了！

听到这个消息，江小北在雀跃万分之外灵光一闪：对呀，这难道不是活生生的“素材”吗？他们从小就特别喜欢这个舅舅，舅舅不仅学习好，长得帅，而且还特别幽默，一开口就能把人逗得特别开心。更重要的是，他们的舅舅是从我国香港特区回来的！

香港……香港……江小北想起来了！这学期她们历史课学了《祖国统一的历史潮流》，这一课就着重讲了我国香港特区的回归呢！要不是妈妈提起舅舅回来的事情，江小北都快忘了自己学过这节课呢。所以还是要在假期好好复习一下功课的，江小北一边这样心虚地想着，一边又期待地去找妈妈问舅舅回来之后的安排。

春节来临前的这段时间，日子仿佛过得特别慢，全家的话题总是离不开“香港”和“舅舅”。江小北和龙小山一边想象着和舅舅见面的各种场景和细节，一边扳着手指数着日子。

舅舅终于如约而至，和大家畅聊了一会儿之后，看着“嘀嘀”发光的小宪，他瞪大了眼睛：“哇，什么时候你们家又多了一个新成员？”舅舅又开起了玩笑。

龙小山立马把向舅舅解释小宪“身份背景”的任务揽在自己身上。听完龙小山的叙述之后舅舅又仔细地端详了小宪一会儿，惊叹了一声：“这么厉害的吗？看起来小小的，竟然懂得这么多呀？”

“舅舅，我……我想问你几个问题好吗？”江小北拿出早已准备好的提问小本本，有一丝丝紧张和尴尬。

“哇噻，你这是有备而来啊！没问题，既然这么重视我，那么我当然要好好与君相告了！”舅舅假装整了整那并不存在的领带。

被舅舅逗笑的江小北一下就不紧张了，“那咱们就开始吧，第一题，舅舅为什么会选择留在我国香港特区呢？”

“这个问题嘛，说来话长，当年我考研究生考到了香港，又在那里遇见了你们的小舅妈，然后就在那里一直工作、生活到现在……”

“好吧，第二题，舅舅为什么要考去香港特区念研究生呢？”

“这不是又绕回来了！”舅舅笑出了声，“因为向往吧，那时香港特区已经回归祖国好几年了，总听新闻上讲，电视上演，百闻不如一见，所以我决定亲自去看看我们祖国特殊的一部分！”

龙小山在一旁听得一头雾水：“什么特殊呀？香港特区不就是我们国家的一部分吗？”

“我看这个问题呀，你们家的小机器人能不能作出回答。”舅舅招手示意小宪过来。

“小宪小宪，为什么要说香港特区特殊呢？”龙小山是真的很好奇。

“这是历史上遗留的特殊问题——香港自古以来就是中国的领土，但从 1842 年开始受英国殖民统治。1984 年 12 月 19 日，中英两国政府签署了关于香港问题的联合声明，确认中国政府于 1997 年 7 月 1 日恢复对香港行使主权。为了维护国家统一和领土完整，保持香港的繁荣和稳定，并考虑到香港的历史和现实情况，国家决定，对香港恢复行使主权时，根据《中华人民共和国宪法》第 31 条的规定，设立香港特别行政区。1999 年澳门也回归祖国了，又设立了澳门特别行政区。”

龙小山若有所思地点点头后又问小宪：“那特殊讲过了，它又特别在哪里呢？”

“香港因为历史原因，曾被英国殖民统治，发展的是资本主义制度，回归后，改革开放的总设计师邓小平提出了‘一国两制’的伟大构想。简单来讲，就是一个国家，两种制度：香港特区继续保持原有的制度状态不改变，而内地继续发展社会主义制度。这下你知道它特别在哪里了吧？”

“晓得啦！晓得啦！”小山觉得一下和舅舅熟悉了许多，他不愿独享这份亲近的感觉，扭头看向小北，“姐姐，你有什么不懂的吗，也可以问小宪啊！”

“什么呀，我知道的！特别行政区，就是在我们国家的行政区域内，根据宪法和法律的规定而设立的具有特殊法律地位，实行特殊的社会制度、政治制度、经济制度和文化制度等的行政区域。”江小北熟练地背诵出了课本上的概念。

“完全正确！不愧是‘市三好学生’小北呀！”小宪闪着灯高兴地说。

舅舅也赞赏地点了点头：“不错，确实是这样，它特别之处在于与内地实行不同的制度，即一国两制。不过，不要囿于课本的限制哟，小北。等暑假的时候，欢迎你来我们家做客！百闻不如一见，你来亲身体验一下，看看内地与香港特区有什么不同。”

“同意同意，小宪也想去！小宪的数据库也要来一次实时更新！”

“无论黄昏把树的影子拉得多长，它总是和树根连在一起……”江小北合上笔盖，在舅舅给她看了许多照片之后，听完舅舅在香港特区打拼的那些故事之后，她文思泉涌，小论文已经初步完成了。今天是大年三十，万家灯火团圆的时候，江小北和家人们坐在一起共享温情时刻……

常警官说

台湾地区是中国领土神圣不可分割的一部分。实现祖国统一，是海内外全体中国人民的共同心愿。

邓小平同志提出“一国两制”，即在一个中国的前提下，大陆坚持社会主义制度，同时在台湾地区保持原有的资本主义制度和生活方式长期不变，既体现了实现祖国统一、维护国家主权的原则性，又充分考虑到台湾地区的历史和现实，体现了高度的灵活性。实行“和平统一、一国两制”，有利于祖国统一和民族复兴，有利于世界和平与发展。我国香港特区和澳门特区的顺利回归并保持繁荣稳定为解决台湾问题创造了有利条件。在全体中国人民的共同努力下，我们相信，实现祖国统一的这一天一定会到来。

法条链接

《中华人民共和国宪法》

第三十一条 国家在必要时得设立特别行政区。在特别行政区内实行的制度按照具体情况由全国人民代表大会以法律规定。

思考与讨论

说说你所了解的我国香港特区和澳门特区，谈谈你对“一国两制”的理解。

5

屏幕那端的你

三月，冬天的凛冽寒风已经过去，春天的花红果绿已经翩然而至。可是，龙家还没有享受几天和煦的春日暖阳，就过上了“倒春寒”的日子。

这件事还真是让人憋屈：那天傍晚，妈妈正刷着短视频休息娱乐一会儿，可是没想到刷出来一个视频让妈妈一下子笑不出来了。那个视频的主角竟然是她和小宪！发视频的人配文字说“创智公司研发的法律服务机器人，抽检多个样机产品质量不合格……其公司销售总监为卖出这批残次货，背后竟然做这种交易……”视频里是一个女性进入一个饭店，虽然只有背影，但是再配上一段《今日说法》的背景音乐，看得还真让人有点儿不寒而栗。

妈妈立即向公司报告了这件事情。

听完了妈妈的电话，大家已经明白发生了什么，却不知道如何是好。一贯冷静的小宪也失去了往日的理性，昔日萌萌的声音此刻伴随着嗞嗞的电流声，变得尖利起来："这完全就是诽谤！本宪好得很，是谁这么闲在造谣？！气死我了，气死我了……好了，好了，小宪小宪不生气！"他头顶的灯带不规律地闪烁着，看得出他正在努力克制自己的情绪，尽量恢复理智，"真气坏了，被卑鄙的造谣者说成是质量问题了！"

妈妈叹了口气，疲惫地说："公司法务部已经开始着手处理这件事了。咱们现在能做的就是尽可能和周边的人澄清这些不实的传闻。"

爸爸拿起手机又去看了一遍始作俑者的视频。他点进那个人的主页，就是一个普普通通的新闻账号，发的都是些鸡毛蒜皮的小事，没几个人点赞，流量少得可怜。可他最新发布的那条"新闻"，却是他的流量巅峰，转发评论点赞都还在快速增长。"真是胡闹！为了流量可以这么不负责任地胡乱编造吗？咱们必须得告这种人！"爸爸握紧了拳头，他真的不能容忍别人这样诋毁他的爱人。

“可是爸爸，咱们要怎么找到那个人？又告他什么呢？”龙小山发问。他是真的很生气，可是那个人与他们隔着屏幕，要怎么才能抓到他？

“哼！咱们要找公安局报案，他们会查出该账号所在的 IP 地址，隔着屏幕咱们都要把那个造谣的人揪出来！”

“没错！我国公民的人格尊严不受侵犯，禁止用任何方法对公民进行侮辱、诽谤和诬告陷害。那个视频的内容完全是空穴来风，捏造出来的虚假事实，已经严重影响了江妈妈的日常生活。如果这条消息被点击、浏览的次数达到 5000 次以上，或者被转发的次数达到 500 次以上，就是情节严重的行为，涉嫌构成诽谤罪。所以现在请大家保存证据，一定要坚决和这种人对抗到底！”最早情绪失控的小宪，又最快地恢复了法律机器人的思维。

可是等公安局处理结果的这两天可没有那么好过。

江妈妈回家的路上碰上买菜回来的王大婶。“哎，小江！哟，你知道网上那个视频嘛，有没有那档子事儿啊？”

“大婶，那个视频完全是捏造的！根本没有那回事儿，再说，我们公司的小宪由专业生产商生产，质量绝对过关！”

大婶将信将疑地说了句：“是吗？”拎了拎手上的菜，转身走了。

妈妈心很累，这两天这样的对话已经上演无数遍了。

现实生活中尚且这样，更不要说网上了。那个视频最开始只在那个短视频平台站内传播，现在还被无良营销号搬运到微博等平台，传播范围更广了。

江小北每次打开评论区都触目惊心：“渣渣公司，想圈钱想疯了吧”“真不要脸，干这种勾当”“抵制抵制抵制垃圾公司、垃圾产品！重要的事情说三遍”……

江小北真的忍无可忍，和评论区的网友们开始“对线”：“不要张嘴就来，你有证据吗？”“在不知道真相的情况下跟风黑，你们真的没有良知！”

而网络对面的人更猖狂，很多人一起回复江小北：“哟，这是公司的员工吧，这么快就开始洗白了？”“别嘴硬了，新闻都报道了，还搁这儿嘴硬”“有时间在这为公司洗白还不如赶紧投简历换下一个公司”“@其他人，快来看看这个人疯狂洗白好好笑哦……”看着急速飙升的红圈数字，江小北真的再也撑不住了，她慌乱地卸载了那个软件，眼不见为净。她现在切实地理解了“造谣一张嘴，辟谣跑断腿”的感觉。

众口铄金，积毁销骨。幸亏警方很快出了通报，妈妈的公司也在各大平台上发布了澄清声明。警方揪出来的那个人却让他们瞠目结舌，是一个刚毕业的大学生！他毕业后做自媒体运营，随意编造资料注册了一个新闻账号，在发布多条视频后没什么反响，他就想投机取巧，遂产生了造谣这样来流量快的方式……

一个风华正茂、受过正规高等教育的年轻人，怎么就误入歧途？不但给他人造成了严重的损失和伤害，更让自己本应充满无限可能的人生蒙上了阴影。

不管怎么说，这件事就要告一段落了。

江小北和家人走在街上，她用手机拍下美丽的春日街景，随后上传到社交网站上，她配文“希望屏幕那端的你，在网络上记录美好生活，而不是躲在键盘背后暴露自己内心的阴暗面”。春天的风在耳边温柔地吹着，柳条在空中跳舞，“享受春天吧，大家”。

常警官说

浙江杭州取快递女子被造谣出轨案、网红直播自杀悲剧、寻亲男孩刘学州事件……近年来，“键盘侠”伤人现象时有发生，网络暴力事件频发且愈演愈烈。

为营造良好网络生态，加强和创新互联网内容建设，国家开展了“清朗·打击网络谣言”专项行动，即全面清理谣言信息；对影响大、传播广的无权威来源的信息及时查证；严肃追究相关责任；建立健全治理网络谣言工作机制。最高人民法院、最高人民检察院、公安部起草的《关于依法惩治网络暴力违法犯罪的指导意见

(征求意见稿)》,也为依法惩治网络暴力违法犯罪活动,有效维护公民人格权益和正常网络秩序提供了依据。网络不是法外之地,清朗网络,需要我们共建!

法条链接

《中华人民共和国宪法》

第三十八条 中华人民共和国公民的人格尊严不受侵犯。禁止用任何方法对公民进行侮辱、诽谤和诬告陷害。

《中华人民共和国刑法》

第二百四十六条 以暴力或者其他方法公然侮辱他人或者捏造事实诽谤他人,情节严重的,处三年以下有期徒刑、拘役、管制或者剥夺政治权利。

前款罪,告诉的才处理,但是严重危害社会秩序和国家利益的除外。

通过信息网络实施第一款规定的行为,被害人向人民法院告诉,但提供证据确有困难的,人民法院可以要求公安机关提供协助。

思考与讨论

1. 如果你在网络上看到他人的负面新闻，你会分享给亲友吗？你会跟着大家一起去责骂当事人吗？

2. 你是如何理解“诽谤长着牙齿”这句话的？

6

我也有话说

“今天玩得开心吗？”看到江妈妈和龙小山从植物园游玩归来，龙爸爸关心地问道。

“好玩好玩！累死我了！”龙小山瘫坐在沙发上说。

妈妈却长吁一口气：“我都快要吓死了，绿色出行变成了‘红色警戒’，你儿子差点就丢了！”

“那不是没丢嘛！”龙小山反驳妈妈。

“嗯？这是怎么一回事？”爸爸觉得事情不太对，连忙发问。

“还不是和小山坐地铁回来时，正好碰上晚高峰。一从地铁里出来，他就被挤得找不见了！我当时差点没瘫在地上！你忘了咱们上次看的那个新闻了，那个父亲寻儿子寻了十几年……还好找见龙小山了，不然我可真的……”

“各位停一下！”龙小山做了一个暂停的手势，“近日，我市一中学三名学生针对碳排放有关问题，进行社会调研，并在老师指导下发表提案……”电视正播放着新闻节目，“你们听这个报道，我也要像他们一样提建议呀。”

“嗯？”大家同时发出疑问。

“那个，咳咳，”龙小山清清嗓子，“你们看嘛，他们是学生，我也是学生，他们有想法，我也有想法，他们能提建议，我怎么不能提建议？”龙小山这么解释了一通。

“嚯，口气还不小呀你，”爸爸笑了一声，“那你准备跟谁提建议去？”

“地铁站呀，妈妈不是一直在说后怕嘛。那里还有那么多走失的小孩，我觉得是因为那个地铁站的进出通道不合理……”龙小山顿了顿，“反正……就是不太合适！不和你们讲了，我觉得我提个小建议给他们还是没有问题的。”

小山的主见让爸爸妈妈感到欣慰，但这么小的孩子，连自己的事还没整明白，能提出像样的建议吗？他们沉默了，不知道该说什么是好。

“那你们不相信我的话总相信小宪吧，咱们问问小宪，看看我能不能和他们提建议。”龙小山问起了小宪。

“当然是可以的呀，宪法赋予了我们批评建议权。我国公民对任何国家机关和国家工作人员，有提出批评和建议的权利；对任何国家机关和国家工作人员的违法失职行为，有向有关国家机关提出申诉控告和检举的权利，但不得捏造或者歪曲事实进行诬告陷害。所以说，你的想法是可行的。”小宪说完这些闪出一个大拇指的图案像是肯定龙小山一样。

“你们看吧，我就相信我还是可以提个小建议，有权利说话的！”自从小宪进家门，龙小山的权利意识还真增长了不少，开口闭口谈权利，现在听到小宪肯定的答复那叫一个激动，连忙跑回自己房间嘀嘀咕咕写什么去了。

晚上睡觉前，龙小山还是抱着小宪不撒手，又询问了小宪一些事。

“小宪小宪，你说这个批评建议权是怎样用的呀？是只能和政府的工作人员说吗？”

“还有还有，那我这个到底算是给他们提建议、想办法，还是监督他们呢？”

“再有一个就是，我没想着批评他们呢，只是提建议让他们改进一下工作呢？”

“呼，你得给我休息时间呀，机器人也是要休息的，一下问这么多，我的 CPU 都快烧坏了！”龙小山一看，小宪果然嘀嘀闪着红光。“现在，让我慢慢和你说清楚吧。批评权、建议权呢，这是两个概念。批评权是公民对国家机关和国家工作人员在工作中发现的缺点、错误有提出批评意见的权利。建议权呢，则是公民对国家机关、国家工作人员的工作提出建设性意见的权利。就像现在你有想法给他们提一些建议，这是非常值得肯定的。至于是否只能和政府的工作人员提建议，这就不一定啦。刚才也已经说过了，对国家机关、国家工作人员都是可以提的，可以充分表达你的合法意见。比如，你要向地铁站提建议，而地铁属于国家所有和经营的，所以大胆提建议是没有问题的！小山，现在公民反映信息的渠道越来越多，还有专门的‘我向市长说句话’信箱，行使好这项权利，就是尽我们主人翁的责任。现在，你听懂了吗？”

“就是这样！”龙小山一激动猛拍了一下自己的大腿，“这么好的权利，我当然要行使起来了！有话可以说，有话能说，我提建议给他们是为了帮助更多的小朋友。我知道妈妈很担心我今天走丢了被人贩子拐跑，可是害怕没有用，所以，我想表现得不那么慌张不让妈妈继续担心。现在，既然我有想法可以帮助解决这个问题，那么，我就要把这句话说出来！”

爸爸推开门走进来，他还蛮好奇这个小鬼头能写出什么建议。他拍拍龙小山的肩膀：“提建议有什么进展啦？”

龙小山骄傲地说：“我已经写完了，明天就要投到意见箱去！”

这下轮到爸爸大吃一惊：“这么快你就写好了？这可不是和同学写小纸条一样，简单几句就能完事的。今天咱们看的那个新闻，你只看到了人家提建议的结果，但你没有看到的是他们提建议的过程。”

“那我还需要怎么做呀？”龙小山眨巴眨巴眼问爸爸。

“你之前说觉得你‘走丢’的站点进出通道不合理，具体不合理在哪里呢，你提供的解决方法是什么呢？那别的站点又是什么样呢？他们又是采取什么措施去解决问题的呢？”

龙小山尴尬地嘿嘿一笑：“还要考虑这么多呀，我以为我只要说出我的想法就好了。”

“那怎么可以！批评的话谁都可以说，你的建议如果是不痛不痒、无关紧要的，那谁都可以来一句。真正能解决问题派上用场的好建议，从来都不是一下子可以达到的。”爸爸认真给龙小山解释着。

“你们在说什么呀。”江小北感觉隔壁的声音一直没有消停，于是也推门进来看看。

“姐姐你来得正好！你快帮帮我吧！姐姐每天上下学坐地铁，一定深有感触！”龙小山谢过爸爸“雪中送炭”说的话，立马去找姐姐帮帮忙。

加入了三个人“头脑风暴”的成果，龙小山确定了最终的方案。他把之前写好的建议修改又修改，按捺住平时写作业静不下心的急躁，把它重新整整齐齐地誊抄了一遍。他用从姐姐那里借来的信封，仔细地把它们收拾好。

月光如泻从窗帘的缝隙里透进来，映在那平展的信封上，“一个差点走失的小朋友想说的话”，龙小山稚嫩的字以别样的力量，在这个夜晚无限放大，放大……

常警官说

针对我国人口老龄化严重的社会问题，西安高新一中 2022 届的同学们通过调查问卷、线上访谈、实地采访等方式收集整理了各方资料，从数据收集、平台搭建、智能设备使用、平衡地区发展等方面入手，提出了切实可行的措施，形成政协提案。该提案得到有关专家认可和支持。

北京市开展面向中小学生的“雏鹰建言行动”。近几年来，学生围绕“环境保护”“中医药文化”等 20 多个主题开展探究，形成 5 万余条建言，不少被人大代表纳入提案带上“两会”，交政府相关部门办理施行。

随着“互联网 +”战略的实施，现在我们还可以通过网络更加便捷地参与国家政治生活。

法条链接

《中华人民共和国宪法》

第四十一条 中华人民共和国公民对于任何国家机关和国家工作人员，有提出批评和建议的权利；对于任何国家机关和国家工作人员的违法失职行为，有向有关国家机关提出申诉、控告或者检举的权利，但是不得捏造或者歪曲事实进行诬告陷害。

对于公民的申诉、控告或检举，有关国家机关必须查清事实，负责处理。任何人不得压制和打击报复。

由于国家机关和国家工作人员侵犯公民权利而受到损失的人，有依照法律规定取得赔偿的权利。

思考与讨论

1. 如果你想对学校的一些不合理现象提出批评和建议，你觉得需要做哪些准备工作呢？

2. 关心我们的城市和国家，就是关心我们自己。聪明的你有什么金点子？和大家分享一下吧！

7

今天我当“兵”啦

班主任王老师带来了一个好消息：4 月 24 日至 30 日开展为期一周的，针对全体初二学生的国防安全研学活动。此次研学活动分为两个部分：前六天在军训基地进行训练，最后一天去国防大学参观学习。4 月 30 日研学回来，5 月 1 日起放为期 5 天的劳动节假期。消息一出来，欢乐的音浪一波一波在教室回荡，大家在走廊里也讨论这件事情。军训，多么令人期待呀！

回到家江小北和爸爸妈妈说了这件事情后，龙小山听完先哼哼唧唧地说：“啊？姐姐能出去玩啦？我还要悲催地上学，哼哼，好不公平呵！”

“什么出去玩？那是国防安全研学，很严肃的好不好。”江小北不接受弟弟这个说法，但心里还是有些小得意。

爸爸妈妈说吃完饭带江小北出去选购要带的物品，他们俩从下午看到家长群的消息之后也开始紧张起来，他们的乖乖女儿还没有独自离开爸爸妈妈这么久，而且研学的主要内容是军训，江小北能吃得了这个苦吗？

晚上大采购归来，龙小山在一旁眼红嘴馋地看着姐姐收拾大包小包的零食：“哼！还说自己不是出去玩的，拿这么多零食，姐姐你是研学还是春游啊？”

龙小山这问题可把江小北给呛住了，她有些心虚地看着自己塞得满满当当的零食。

“小宪小宪！”

“我在。”

“你说我姐姐去参加国防安全研学，带这么多零食合理吗？”龙小山还真是胡搅蛮缠，问起了小宪。

“小宪认为，可以适当地带一些零食。但是进行国防安全教育是对公民的一项基本教育，是很严肃的事情。学习国防安全知识，增强本领保卫祖国是第一要义哦！”

“姐姐，姐姐，你听到了没有，别带那么多零食，嘿嘿，我先给你保管着。”龙小山坏笑着把零食抱走了。江小北呆呆地坐在原位：对呀，她是班长，带那么多零食不免让人好奇她到底是来干嘛的。那就艰苦奋斗，好好努力这一周吧！江小北暗暗地想。又像是突然想起来一件事情一样，江小北问小宪：“小宪，那我下周会军训，穿上军训的服装，这个算服兵役吗？”

“不算的哦，”小宪头顶闪起了红光，“这个是国防安全教育里的一个内容，主要目的是锻炼你们的意志力，培育爱国意识。大学的军训是国家国防后备力量培养的重要途径，等到小北上了大学，参加了大学军训那就算是服兵役啦。不过，我国宪法有规定，保卫祖国、抵抗侵略是中华人民共和国每一个公民的神圣职责。依法服兵役、参加民兵组织是公民的光荣义务。那一天迟早会到来，不要着急哦。”

“光荣义务，神圣职责……”江小北喃喃自语思索着。

尽管大家早已做好准备，可当真的进入军训基地时还是被吓了一跳。

偌大的操场，是他们学校操场的两倍大。“这一圈跑下来不得把人累坏啊！”江小北听到队伍里有人已经在讨论了。这时教官站上操场上的主席台大喊一声：“全体蹲下！”大家慌慌张张地迅速蹲下。

“刚来就吵吵，这里不比你们上课，有问题让大家讨论，有什么事先打报告再行动，不要干扰队列！”雄浑严肃的声音透过麦克风传来，整个操场立马安静下来。

江小北把手放在地上了——单膝蹲下，她的腿止不住地颤抖。

她再往前看去，队列已经歪歪扭扭了。

但是教官好像还没有让大家起来的意思，4 月底的天，空气里已经燥热起来了，没有风，大家就这么蹲着，每个人头上都闷出汗来了。就这样又蹲了 5 分钟，教官终于放话说可以站起来了。江小北松一口气，可要站起来的时候，她几乎要跌倒，腿忍不住地发麻。

“今天，是你们来的第一天，要懂纪律！一会穿上军训服后，就要以军人的身份要求自己，我希望你们在未来的一周里可以坚持下来。一周之后，就算出了这个地方，也能迎接挑战，克服懒怠，不辱使命！”

穿上这神圣的军绿色，江小北脑中想的是离开家出发前小宪说的那句话：“无论什么时候，无论在什么地方，都要有爱国意识。保卫祖国是我们神圣的职责。”

是呀，就算这只是一次普通的研学活动，但江小北绝不把它当成一次普通活动对待。未来的一周会苦会累，肩上的担子也会愈加沉重，可只要想到自己的责任所在，江小北也没有什么怨言。

“全体集合！”教官在楼底下吹哨集合。

江小北勒了勒腰带，踏着坚毅的步伐向队列走去……

常警官说

保卫祖国、抵抗侵略是中华人民共和国每一个公民的神圣职责，军队是人民民主专政的坚强柱石，是维护国家安全和社会稳定的重要力量，依照法律服兵役和参加民兵组织是中华人民共和国的光荣义务。

法条链接

《中华人民共和国宪法》

第五十五条　保卫祖国、抵抗侵略是中华人民共和国每一个公民的神圣职责。

依照法律服兵役和参加民兵组织是中华人民共和国公民的光荣义务。

思考与讨论

你身边有亲人、朋友在军队工作吗？有条件的话和他们多多交流感受吧。

8

灯与影之梦

一皮相隔，两个世界。龙小山深深折服于中华优秀传统文化的魅力。

跟随着美术老师的脚步，他好像来到了一个神奇的世界，这里有灵动的小人在上演他们的悲欢离合，有艺人的巧嘴述说他们的风云过往。谁能说这不是一场视觉与听觉碰撞的饕餮盛宴呢，龙小山听入迷了。

同桌游孟突然叹了口气：“真美啊！”

龙小山点点头说：“就是啊。你说皮影戏里那小小的纸片，还有那个灯，怎么就会呈现那么美的故事……”

游孟继续回味着：“要是我能学会那个手艺就好了。”

不愧是好兄弟，游孟和龙小山不谋而合，龙小山很高兴，他也正有此意！能学一门这样的手艺是多么荣耀的事情啊！

如果这时有人走进二年级三班，一定会被两个紧紧靠在一起的黑脑袋吸引住。两个人畅聊了一个课间，还没有从那美丽的皮影戏中走出来……

可是第二天，龙小山就被游孟的新想法惊掉了下巴。

“我决定要认真学习皮影戏，我要去找一个师傅，从此拜师学艺，不再来学校了。”说完，游孟还做了一个抱拳的手势，颇有一些江湖义气。

龙小山不可置信地揉揉耳朵，又揉揉眼睛，他看着眼前的好朋友，感觉有些陌生似的。他急忙说：“怎么会这样说？绝对不可以啊，怎么能不来学校呢？”

“哎呀，我昨天晚上还特意找我妈妈借了手机查信息呢，我发现网上有不少这样的事情，他们有很多人都是从很小的时候开始学习一门手艺的。反正我觉得在学校学习书本知识也是学习，学习一门手艺也是学习，都差不多的啦。”

龙小山总觉得怪怪的，但他不知道怎么和正在兴头上的好朋友解释，于是他提议：“今天放学你来我们家玩儿吧！我们家的小宪懂得很多，他应该能给咱们提出更好的建议！”

小宪很高兴龙小山带了朋友回家玩，还郑重其事地咨询他的意见。

“这是好事情啊，我们国家保护名胜古迹、珍贵文物和其他重要历史文化遗产。皮影戏在2006年的时候被列入我国国家级非物质文化遗产，现在我们国家也在大力扶持非物质文化遗产的发展，大力鼓励像你们这样愿意学习、传承优秀传统文化的年轻的血液！”

听到小宪的解答游孟有点高兴：“那小宪，我以后不去学校，回去专心拜师学艺可以吗？”

“当然不行！”小宪嘀嘀闪出红色的警告信号灯，“你们现在接受的是义务教育，这是你必须接受的，学校不可以不让你上学，你的爸爸妈妈也不能不让你上学，你自己也不可以不上学！想要传承非物质文化遗产的想法很好，但不一定非得放弃上学啊。现在网络发展得越来越快，信息传播这么方便，视频网站上各类人才辈出，你可以通过观看他们的视频学习。等到考大学时，有专门的艺术院校开授这门课，你可以选择继续追求梦想。实现梦想的途径有很多，永远不能放弃的是你自己受教育的权利！”小宪真的很着急，说话比平常语速都快了好多。

“是谁在说不想上学的？”

听到这个声音，龙小山和游孟都吓得一激灵，他们回头一看，竟然是班主任陈老师！

“老……老师好！”两人磕磕巴巴地跟老师打了招呼。

“忘了跟你们说啦，今天我来做家访，没想到碰到你们这两个小鬼头。你们在打什么坏主意呢？”

两人面面相觑，只得跟老师一五一十地交代了自己的想法。

陈老师仔细听着这两个小男孩表达他们的想法，时而点头表

示赞同，又时而皱眉摇头。

“好了，我知道你们的想法了。你看，追求梦想是很好的，更何况你的出发点是传承我们的非物质文化遗产，这是现在我们所鼓励的，可是我们并没有说为了传承这个非物质文化遗产而不接受学校教育了呀。现在你们上的是小学，接受的是义务教育，什么是义务，义务是不能推卸的，是你必须要履行的。”

陈老师顿了顿，又说道：“你们看，非物质文化遗产，重点是什么？是文化！非物质文化遗产是一个国家和民族历史文化成就的重要标志，是优秀传统文化的集中体现。如果连义务教育都没有完成，你对皮影戏的理解就是肤浅和表面的。没有文化，还谈什么传承！你现在接受的教育就像灯，灯明亮了才会有你梦的影子。游孟游孟，你看你爸爸妈妈多会起名，有梦，说得多好啊，我们都是追梦人。但你追梦的路上还得以好好学习文化知识作为路基不是，所以现在怎么做，你心中已经知道了吧！”

校园文化艺术节如约而至，未来小学掀起了一场不大不小的波澜，全校师生都知道二年级有两个同学会表演皮影戏。面对闻讯而来的同学们，被评为“最佳小明星”的游孟和龙小山爽朗一笑：“我们俩就是在课余时间跟着网上的非物质文化遗产传承博主学的一点点皮毛！大家喜欢咱们的传统文化，也可以行动起来，梦想会离我们越来越近的！”

放学后的夕阳像个荷包蛋，红的红，金的金，照在两个小小少年的背后，影随人动，走向他们的远方。

常警官说

文房四宝，蜀绣衣裳，李子柒一步步精心制作；百马争锋，蹄声如鼓，和丁真驰骋在一望无际的草原上，感受理塘赛马会的热血……

中国是一个历史悠久的文明古国，全国各族人民在长期生活实践中创造的丰富多彩的非物质文化遗产，是中华民族智慧与文明的结晶，是中华文化的瑰宝。2007 年以来，我国先后认定了五批 3068 名国家级非遗代表性传承人，第六批国家级非遗代表性传承人的认定工作也正式启动。面向未来，我们要珍惜非遗保护的时代机遇，把老祖宗的技艺和智慧保护好、传承好、发展好，让古老的非遗在现代社会中焕发光彩，涵养出更加深厚的文化自信。

法条链接

《中华人民共和国宪法》

第二十二条　国家发展为人民服务、为社会主义服务的文学艺术事业、新闻广播电视事业、出版发行事业、图书馆博物馆文化馆和其他文化事业，开展群众性的文化活动。

国家保护名胜古迹、珍贵文物和其他重要历史文化遗产。

第四十六条　中华人民共和国公民有受教育的权利和义务。

国家培养青年、少年、儿童在品德、智力、体质等方面全面发展。

思考与讨论

1. 作为小学生，我们可以为传承家乡的非物质文化遗产做些什么呢？

2. 为什么受教育既是我们的权利又是我们的义务？

9

失踪的龙小山

星期五放学后，龙小山和同学一起去学校外边的球场踢足球。

快乐的时光总是过得飞快。直到太阳落山，大家才发现时间已经不早了，龙小山和同学们依依不舍地告别后各自走上了回家的路。

上次踢完球，龙小山新发现了一条回家的小路。但上周是姐姐来接他的，拽着他从熟悉的大路回家了。于是这条路就像一只小老鼠一样在他的心里住了一个星期，一想起来就心痒痒。

“今天要不要从小路走呢？”龙小山不太敢，但是他转念一想，也没什么可怕的。“走一次有什么关系！我已经是个真正的男子汉了！”龙小山给自己鼓着劲，走上了小路。

刚转过一个弯，龙小山突然看到路两旁整整齐齐的草丛里开着各色的蔷薇，一阵风吹来，花香便弥漫了整条小路。

龙小山停下了脚步，一头扎进花丛中，采摘着他认为最鲜艳、最美丽的蔷薇，准备回家送给妈妈和姐姐，她们一定会很开心！

不一会工夫，手中的花已经有一大捧了。

龙小山心满意足地抬起头，却看到面前站着一个身材高大的男子。男子穿着背心，胸口戴着一条大金链子。

“大金链子”冷冷地看着小山，问道：“你的花是从我的院子里摘的？”

龙小山被“大金链子”吓到了，心虚地辩解道：“我……我不知道这是你家的院子。所以，所以……"

"你的父母没有教过你，没有经过同意拿别人的东西就是偷吗！""大金链子"涨红了脸，青筋像蚯蚓一样爬上了他的额头。"你叫什么名字？你父母的电话是多少？"

龙小山害怕极了，一步步小心翼翼地倒退着，"我叫龙小山。你要我爸爸妈妈的电话干什么，我不给"。

"大金链子"上前一把揪过龙小山的衣领，把他拉进路边的房子里。穿过客厅和连廊，"大金链子"把龙小山推进一间堆放着杂物的贮藏室，恶狠狠地盯着小山："你到底给不给？"

涌入口鼻的涕泪让龙小山喘不过气来，就像学游泳时呛水的窒息感。他完全失去了思考的能力和反抗的意志，用被恐惧支配着的颤抖声调报出了龙爸爸的电话号码。

"在你父母到这里赔钱之前，你别想离开这个房间。"男人说完把门大力地一甩，门框与门碰撞发出巨大声响，带走了最后一丝微弱的光线。龙小山突然坠入了无边的黑暗之中，他再也忍受不住，放声号啕起来。

龙小山虽然贪玩，但是从来没有那么晚回来过！

江妈妈挨个给小山小伙伴的父母打电话，龙爸爸手中也紧紧地攥着手机，每过几秒钟，他就点亮一次屏幕，看看有没有漏接的来电。

江小北死死地盯着大门，一言不发，期待着小山下一秒就站在门口清脆地喊“姐姐，快开门”！要不是今天放学后和小影一起去练琴，本应该是她去接弟弟的。

当龙爸爸第 N 次点亮手机屏幕的同时，一个陌生的号码跳了进来。龙爸爸有了预感，立即按下接听键。

“喂！是龙小山的家长吗？你家小孩把我的东西搞坏了，赶紧过来领人！”

“小山在你那是吗？他怎么样？你要把小山怎么样？”江妈妈抢过电话，一连串地质问后，突然又哽咽了：“求你了，千万不要伤害孩子！”

龙爸爸拿回电话，定了定心神说：“你能让孩子说句话吗？”

“爸爸！妈妈！呜呜呜……”听到小山哭得接不上气，龙爸爸一颗心都揪了起来：“你等着，我们马上到！”他挂断电话。

“他的行为已经涉嫌违反了《宪法》第 37 条的规定：中华人民共和国公民的人身自由不受侵犯。法律禁止非法拘禁和以其他方法非法剥夺或者限制公民的人身自由。非法拘禁超过 12 小时，还会构成犯罪呢！”小宪一改“百事通”的从容，声音中透露着急促和气愤。

“你和小北留在家里，马上报警！”龙爸爸边说边匆匆出门。

龙爸爸赶到时，“大金链子”正扭着小山，站在门口。

“你们儿子摘走了我辛辛苦苦养的花，我算了下，得赔5000元。”

“孩子摘你的花肯定是不对，我们一定会按市价赔偿。但请你先把孩子交给我，不要再为难孩子了。”龙爸爸虽然满腔怒火，但为了龙小山，尽量心平气和地与“大金链子”周旋着。

正在两人理论时，一辆警车停到了路边。

“我们接到报警，”两位警察对气势汹汹的“大金链子”说，“是你把这孩子扣起来的吗？”

“那又怎么样？这熊孩子把我的花园搞得一塌糊涂，我不把他扣起来，我找谁要钱去！”“大金链子”梗着脖子，一副理所应当的样子。

“既然你自己都承认了，那就跟我们去一趟公安局进行调查。”为首的警察指着自己胸前的执法记录仪，“按照法律规定，可以对你处5日以上的行政拘留，并处以相应罚款。如果还有其他严重的情节，你还将承担刑事责任。”

“有……有这么严重吗？”“大金链子”的气焰一下消退了。

“后面还需要你们到公安局配合调查，提供证据。”警察不再理会“大金链子”，他转过身和龙爸爸握了握手，“你先带孩子回家，好好安抚一下，别把孩子吓坏了。虽然我们城市的治安状况很好，但毕竟孩子还这么小，家长不能掉以轻心。好在今天是有惊无险，以后要吸取教训啊！”

常警官说

人身自由权是公民所享有的各种自由权的基础，是公民参加各种社会活动、享受其他权利的先决条件。

中国自 1911 年制定《大清民律草案》开始，历部民法都将人身自由权规定在其中，并明确了侵权人的损害赔偿责任。

新中国成立后，不仅在《宪法》中把人身自由明确为公民的基本权利，在2021年正式实施的《民法典》中也把人身自由作为人格权的重要内容予以保护。

法条链接

《中华人民共和国宪法》

第三十七条 中华人民共和国公民的人身自由不受侵犯。

任何公民，非经人民检察院批准或者决定或者人民法院决定，并由公安机关执行，不受逮捕。

禁止非法拘禁和以其他方法非法剥夺或者限制公民的人身自由，禁止非法搜查公民的身体。

思考与讨论

1. 有人在超市盗窃商品，超市工作人员能把他扣留下来吗？扣留下来后应该如何处理呢？

2. 作为一名未成年的学生，你知道怎样避免被不法分子限制人身自由或实施伤害吗？

10

被删除的QQ好友

“你怎么把我QQ删掉了？”这天一大早，江小北刚一坐到座位上，同桌张信就怒气冲冲地质问道。

“啊？”江小北被问得一头雾水，连忙解释，“昨天我妈妈说快要期末考试了，让我放假前不要再玩电脑了，这两天我根本就没登

QQ！再说我为什么要把你删掉啊！”

江小北和张信是同桌，也是很好的朋友。自从拥有自己的QQ账号后，江小北经常用家里的电脑登录QQ和张信聊天，他们分享彼此身边的趣事，交流当天的学习内容，无话不谈。

“我昨天晚上想给你看我家的小猫，QQ却提示我已经不是你的好友了！”张信又生气又难过，转过头不再看江小北。

江小北内心十分不解，之前还好好的，昨天她没有使用QQ啊，难道是被盗号了？好不容易挨过了一天。一放学，江小北就冲回家，到书房打开了电脑。登录QQ一看，好友列表里果然没有了张信。

“我不是让你好好复习不要玩电脑了吗？”看到江小北头也不抬地盯着QQ，妈妈放下手中的家务活走过来看个究竟。

“妈妈，你知不知道是谁删了我的QQ好友？”

“是我，我看你和那个男生聊天的内容太亲密了，就帮你删了。本来我还准备等你考完试好好和你聊聊这事呢！”妈妈一副理所当然的神态。

江小北一听，顿时皱起眉头：“你凭什么看我的聊天记录，还擅自删我好友！”

“我是你妈妈，是你的监护人，我不仅要管你，还要对你负责！别说你现在是小孩，就是你上大学了，工作了，我还是一样得管你！”

“可我也是有隐私的呀！”江小北的眼泪不争气地流了出来。

“我们都是一家人，要彼此坦诚相待，哪有什么隐私呢？好了好了，不哭了。今天爸爸带小山去游泳了，就我们娘俩吃饭。快来吃饭吧。”

江小北不情愿地被江妈妈拉到餐厅，饭桌上母女俩谁也不说话。心里不是滋味，嘴里的饭也索然无味。

吃完晚饭，江小北坐在书桌前越想越委屈，凭什么妈妈可以随意干涉自己聊天的自由？

江小北突然拍拍脑袋，真是气糊涂了，怎么没有想到问问小宪怎么解决自己的问题呢：“小宪小宪，请问父母可以干涉孩子的QQ聊天吗？”

“你用QQ和同学聊天，就像你和别人打电话、发微信、写邮件、写书信一样，在法律上都属于通信自由，受到《宪法》的保护。

同时，我们都不希望通信内容被其他人窥探，这就是通信秘密。小北，如果别人不经过你同意，就能轻易看到你的 QQ 聊天记录，你是不是觉得心里特别不舒服？”

江小北频频点头：“是的，即使查看我聊天记录的是我最亲爱的妈妈，我也知道她不会把我的聊天记录随便告诉别人，但我不知道为什么就是这么生气！”

“小北你知道吗？这是隐私受到侵犯的自然心理反应。我们国家的《民法典》对隐私作出了规定，它是指人们的私人生活安宁和不愿为他人知晓的私密空间、私密活动、私密信息。从广义上来说，隐私是人格的重要组成部分，同样受到《宪法》的保护。除隐私权外，人格权还包括生命权、身体权、健康权、姓名权、名称权、肖像权、名誉权、荣誉权等重要权利。”小宪娓娓道来。

“哦，原来是这样。”江小北心里觉得踏实了些，但想到妈妈吃饭时欲言又止的样子，她心里莫名其妙地涌现出一丝丝的不忍。

“不过，小宪，妈妈说得好像也有点道理。她这么做也是为了保护我，为了让我更好地准备期末考试。我毕竟还没有成年，妈妈作为我的监护人，管我应该是没有太大问题的吧？”

“按照法律规定，父母是未成年子女的法定监护人，但这并不代表爸爸妈妈就可以凭自己的意愿主宰孩子的一切。他们应当按照最有利于孩子的原则履行监护职责，保护孩子的人身权利、财产权利以及其他合法权益。如果父母严重损害孩子的身心健康，怠于履行监护职责，或者有其他严重损害孩子合法权益的行为，可以按法定程序撤销他们的监护资格。”

“哦，那倒不至于！”江小北连忙说，“我知道爸爸妈妈很爱我，如果有一天他们不管我，我才要哭呢！”

“那你知道该怎么做了吧！”小宪“嘀嘀嘀嘀”地闪烁起了头顶的LED灯。

江小北轻手轻脚地走到妈妈卧室的门口，轻轻推开门，“妈妈，我有话想说……”

江妈妈听到声音抬起头来，露出一双微红的眼睛，像是哭过。“小北，我也有话想说，你先说吧。”

“我知道妈妈看我的QQ是担心我，为了我好。但是也请妈妈相信我，我已经14岁啦，有能力去选择自己的朋友。我和张信只是好朋友之间的聊天，不会影响我的学习。如果我遇到难题，我一定会向我最信赖的爸爸妈妈求助的！”江小北一口气把自己想说的都说完了。

“我知道，妈妈想说声‘对不起’，是妈妈一时冲动了，刚刚的话说得太重了，我尊重我宝贝女儿的隐私和权利，”江妈妈一把抱住江小北，“也替我向你的好朋友说声抱歉。”

江小北重新加回了张信的QQ好友，收到张信家小猫咪的照片，偶尔也会分享给妈妈一起看。

常警官说

隐私权之所以受到如此重视，是因为保护隐私、尊重隐私权，对于维护人性的尊严和促进个人人格的发展极为重要。在这个忙忙碌碌、纷纷扰扰的世界中，如果没有私人生活的安宁，如果没有私密的空间，如果不能自由自在地进行私密活动，那么我们的心灵家园必然是缺失的，更无法实现人的自由和全面发展。

2020 年 5 月 28 日，第十三届全国人民代表大会第三次会议审议通过了《中华人民共和国民法典》，在第四编“人格权”中，专章对“隐私权和个人信息保护”作出了详细规定。

法条链接

《中华人民共和国宪法》

第四十条 中华人民共和国公民的通信自由和通信秘密受法律的保护。除因国家安全或者追查刑事犯罪的需要，由公安机关或者检察机关依照法律规定的程序对通信进行检查外，任何组织或者个人不得以任何理由侵犯公民的通信自由和通信秘密。

思考与讨论

1. 如果张信没有经过江小北的同意，就把他俩的聊天记录分享给其他人，这样的行为有没有侵犯江小北的隐私？

2. 如果你的QQ号被盗了，不法分子以公开你的聊天记录威胁你，向你勒索财物，你该怎么办？

11

龙小山打工记

暑假刚开始一个星期，龙小山就一鼓作气把暑假作业写完了。剩下的时间做点什么好呢？有点无聊的龙小山，不由得羡慕姐姐。

就在暑假开始的前一天，一个剧组到他们小区开拍都市生活剧。剧组开来好多台工作车辆，还有各种见过的、没见过的机器。工作人员除了忙忙碌碌地架设机器、搭建景观外，还通过业主委员会在群里发了通知：他们要在小区居民中征集群众演员。

龙爸爸和江妈妈虽然也想体验，无奈工作太忙，只得放弃。于是他们鼓励江小北和龙小山利用暑假时间去尝试一下。

姐弟俩兴冲冲地去参加了剧组的面试。江小北因为性别、年龄、气质符合角色要求，上镜也很好看，剧组当即拍板录用了，还分配了一个有台词的小配角，说是要连续拍摄半个月呢。但龙小山就没这么幸运了，面试的叔叔非常客气地告诉他：“人数已经够啦，祝小朋友暑假快乐哦！”

每天听江小北回来说演戏的新鲜事，龙小山都羡慕得不得了。昨天晚上一家人共进晚餐时，龙爸爸还开玩笑地说："现在除了小山，大家都是有工作的人啦！"听说江小北拍完戏还能有几千元的收入，龙小山心里五味杂陈。

不行，我不能让大家看不起。老师说过，劳动最光荣！我也要找个工作，不能输给姐姐。龙小山说干就干，换上运动鞋，走出小区。他边走边踢着小石子儿，东瞅西瞧，哪里有我能做的工作呢？

无意间，龙小山看到路边"百姓餐厅"的玻璃窗上贴着"招聘启事"，上面写着"本店高薪招聘厨师、服务员、洗碗工"。太好了，得来全不费工夫，炒菜我不会，但上菜、洗碗在家都做过，没有任何问题呀。

龙小山推门走进餐厅，看见一个漂亮的服务员姐姐坐在前台。

姐姐正在电脑上敲打着什么文件，看见龙小山一个人走了进来，于是和气地招呼道："小朋友，你想吃点什么吗？"

"姐姐，我想到你们餐厅当服务员。"龙小山信心满满地说。

姐姐一愣，随后笑了起来："哈哈，我们可不招小朋友哦。当然，如果你来吃饭，我们可是非常欢迎的哦。"

失败是成功之母！此处不留爷，自有留爷处！龙小山信心百倍，继续寻找自己的工作岗位。万万没想到的是，无论是餐馆、奶茶店，还是超市、宾馆，都无一例外地拒绝了他，甚至还有几家老板追问他的爸爸妈妈是做什么工作的，是不是需要警察叔叔的帮助，吓得龙小山赶紧跑了。

再试最后一次吧，龙小山鼓起勇气，走向一家小超市。

超市门口的躺椅上躺着一个胖老板，他嘴里叼着烟，斜着眼睛问："想买点什么？"

"叔叔您好，你们招人吗？"

"你？"胖老板一愣，仔细地打量起龙小山，"你想到我这上班？"

"嗯嗯，是的是的！我就住在旁边的小区，很近的，非常近！我想在暑假打零工，我可能干了，我要工作，因为劳动最光荣，我姐姐都开始当演员挣钱啦！对了，我还想挣钱！你把我留下吧！"龙小山从胖老板的语气里听出了一丝希望，语无伦次地回答着。

胖老板嘴角露出一丝不易察觉的微笑："我们缺个上货的伙

计，不过你个子太矮，力气也不大，肯定没有其他人那么出活，所以你的工资不会太高。最重要的是，你要想当个独立的男子汉，就不能告诉家长。”

“太好了！”龙小山跳了起来！他的脑海中已经浮现出在暑假结束的时候，他在家人面前砸出一沓厚厚的钞票，爸爸妈妈和姐姐惊讶的样子。妈妈一定还会夸奖“小山真能干”！

第二天，龙小山等爸爸妈妈上班出门，姐姐也去剧组拍戏后，准点到胖老板的小超市上班，一直忙活到下午五点钟，再赶忙跑回家装模作样地看起课外书。上货下货、整理货架、写价格标签，有时候还要招呼客人、帮忙结账……龙小山很快就适应了工作内容，胖老板对他也很满意。只不过晚上吃过饭，他就困得不行，早早洗澡睡觉了，连奥特曼的动画片都不再看了。

连续几天都是这样，江妈妈觉察出龙小山的不正常：每天都是一副蔫蔫的样子，饭量变大了，觉也睡得多了，衣服总是脏兮兮的。问起来，总说是和小伙伴一起去踢球了，但眼神总是躲躲闪闪的，衣服上也没有常见的足球印……这孩子从小就不会撒谎，心里一定藏着事！

江妈妈悄悄地把疑惑告诉了龙爸爸。龙爸爸听后沉默了许久，说道："我明天申请调休，看看到底是怎么回事。"

第二天，当龙小山从仓库里搬着一箱可乐走进超市的时候，惊讶地看到爸爸正在和胖老板理论："你怎么敢雇用童工？你知不知道这是违法的啊？"

胖老板梗着脖子狡辩："我哪知道他多大了，你看他个子还挺高！再说了，是你儿子求我让他来上班的，不信你问他！"

龙爸爸气得提高了声调："你雇用工人，都不用看身份证的吗！你也不要狡辩了，我已经向劳动监察大队举报了，一会儿他们会和你说清楚的！"

龙小山灰溜溜地站到爸爸身边："是我看到你们都在上班，都能挣钱，所以……所以我才出来找工作的。"

龙爸爸不再理会胖老板，他把龙小山带到车上，语重心长地说："小山，爱劳动是可贵的品质，劳动不但创造财富，更能让你的人格更独立、更高贵。但是，作为一个未成年人，首要的任务还是学习。只有打下扎实的知识基础，才能在以后创造更大的价值。所以国家实行九年制义务教育，所有适龄儿童、少年必须接受义务教育。《劳动法》也明确禁止用人单位招用未满16周岁的未成年人！”

“是吗？小北也没满16岁呀，她为什么能去拍电视剧挣钱？”龙小山一脸疑惑。

“我来回答！”坐在车后座的小宪瞬间被激活了，“按照《劳动法》的规定，文艺、体育和特种工艺单位可以招用未满16周岁的未成年人，但必须遵守国家有关规定，并保障其接受义务教育的权利。”

“哦，我明白了。不过……”龙小山吞吞吐吐了半天，“我已经工作了一个星期，工资还能要得回来吗？”

小宪心疼地看着龙小山：“小山你放心，虽然胖老板雇用你的行为无效，但《劳动合同法》规定劳动合同被确认无效，劳动者已付出劳动的，用人单位应当向劳动者支付劳动报酬。而且，劳动监察大队会按照法律规定，对胖老板雇用童工的行为进行处罚的。”

午餐后，不用再上班的龙小山终于可以静下心来认真地读书了。他翻开江小北用工资给他买的《人类简史》，被这样一段话深深地打动了：只有具备最聪明头脑的人，才能生存下来。他们必须日夜与寒冷和饥饿作斗争。他们被迫去发明工具。他们学会了如何把石头削成一把斧子，如何制作锤子。他们迫不得已储存大量食物，以应付漫长的冬天。他们发现可以用黏土做成碗和罐，然后晒在阳光下使它们硬化。就这样，冰川期——本来差一点毁灭了人类，却成了人类最伟大的教师——因为它迫使人类运用自己的头脑。

常警官说

习近平总书记在2018年9月10日的全国教育大会上发表讲话时指出：要在学生中弘扬劳动精神，教育引导学生崇尚劳动、尊重劳动，懂得劳动最光荣、劳动最崇高、劳动最伟大、劳动最美丽的道理，长大后能够辛勤劳动、诚实劳动、创造性劳动。要采取适应当前环境和条件的有效措施，加强劳动教育，组织好形式多样的劳动实践，让学生在实践中养成劳动习惯，学会劳动、学会勤俭。

宪法明确规定劳动是公民的权利和义务。但是，从保护未成年人的身心健康、维护国家和民族的长远利益、促进社会文明进步的角度着眼，禁止雇用未成年人已成为现代文明国家的共识。各国都通过严密的法治体系禁止雇用未成年人，同时确保未成年人能得到良好的教育和充分的社会保障。

法条链接

《中华人民共和国宪法》

第四十二条　中华人民共和国公民有劳动的权利和义务。

国家通过各种途径，创造劳动就业条件，加强劳动保护，改善劳动条件，并在发展生产的基础上，提高劳动报酬和福利待遇。

劳动是一切有劳动能力的公民的光荣职责。国有企业和城乡集体经济组织的劳动者都应当以国家主人翁的态度对待自己的劳动。国家提倡社会主义劳动竞赛，奖励劳动模范和先进工作者。国家提倡公民从事义务劳动。

国家对就业前的公民进行必要的劳动就业训练。

《中华人民共和国劳动法》

第十五条　禁止用人单位招用未满十六周岁的未成年人。

文艺、体育和特种工艺单位招用未满十六周岁的未成年人，必须遵守国家有关规定，并保障其接受义务教育的权利。

《中华人民共和国未成年人保护法》

第六十一条 任何组织或者个人不得招用未满十六周岁未成年人，国家另有规定的除外。

营业性娱乐场所、酒吧、互联网上网服务营业场所等不适宜未成年人活动的场所不得招用已满十六周岁的未成年人。

招用已满十六周岁未成年人的单位和个人应当执行国家在工种、劳动时间、劳动强度和保护措施等方面的规定，不得安排其从事过重、有毒、有害等危害未成年人身心健康的劳动或者危险作业。

任何组织或者个人不得组织未成年人进行危害其身心健康的表演等活动。经未成年人的父母或者其他监护人同意，未成年人参与演出、节目制作等活动，活动组织方应当根据国家有关规定，保障未成年人合法权益。

思考与讨论

1. 龙爸爸承诺，如果江小北和龙小山主动承担家务劳动，会给予现金奖励。请问，这是不是雇用童工的行为？为什么？

2. 如果你发现有用人单位雇用童工，你会怎么做？

12

夏日奇妙际遇

龙小山出名了！这个消息让龙小山瞬间成了全班甚至是全校的焦点。

暑假刚开学，大家就在校门口的LED宣传大屏上看到了熟人——龙小山！这块大屏通常是用来展示学校师生显著成绩或优秀事迹的，大家做梦也没想到龙小山竟然有机会在这块大屏上露脸！更想不到的是，龙小山竟然捡到化石了！

在大家的热切追问下，龙小山说出了那天发生的事情。

天气一天天热起来了，待在家里吹空调虽然很惬意，可终归没什么乐趣。爸爸提议全家不如趁着周末去山里纳个凉，和大自然多亲近一些。

龙小山不愿意和家人们一起走平坦的观光栈道，作为“探险家”，他选择了一条崎岖的小土路。但上陡坡时，龙小山脚下一滑，差点就要摔倒。他手下连忙一抓，顺着旁边不知名的有韧性的杂草，给了一把劲总算上了坡。龙小山呼了一口气，轻轻抚摸刚才“借力”的草丛以示感谢。果然呀，坡顶的风光就是不一样，龙小山双手叉着腰俯视低处的风光。

过了好一会儿，爸爸、妈妈和姐姐才沿着栈道走了上来。龙小山得意地嘿嘿一笑：“我就说嘛，走小路就是快！”

妈妈打趣道：“你可小心点儿，这里碎石很多，坡又滑，一会摔着了你就安宁了！”

“噢噢！”龙小山一边应付着妈妈的叨念，一边又打量着自己脚下的这片小基地。

“探险家”龙小山这时脑海里有一个想法：既然这里碎石那么多，那么他要挑拣几块造型最独特的带回家去，他的恐龙王国还缺少一些装饰呢。龙小山抬头看看爸爸妈妈，他们正在忙着支野营的帐篷，姐姐找了棵大树靠着坐下写生了。

很好，这里只有他一个人，那就开始行动吧！

但是这里的碎石可真不是一般的多啊，龙小山整理了一会儿便已经满头大汗了。他拍拍手上的灰，把挑选出来的石头垒成一堆，准备找一块大石头坐下休息会儿。可刚迈开腿，他就感觉到腿上突然被刮了一下，低头一看，呀，小腿上出现了一道细长的伤痕，还洇着小血珠。龙小山倒也顾不上疼，他想知道是什么东西刮住了他。仔细一看，竟是刚才借力的杂草！

龙小山很奇怪，刚才那样直接握住小草借力没事，这回走一两步反而被挂住了，他蹲下来仔细看小草，嘿！得来全不费工夫！草堆里有好多特别好看的石头，还有很多特别大的完整石头。龙小山费尽力气搬起来一个，他轻轻吹掉石头上的灰尘，仔细观察着石头。他把刚才挑拣的石头拿起来和新石头放在一起对比。怎么感觉怪怪的。新发现的石头的纹路很别致，他越看越觉得很熟悉，好像在哪里见到过一样。“啊？不会我捡到的是化石吧！”龙小山忍不住惊喜地欢呼了起来。新发现的石头与他在科学课本上看到过的三叶虫化石大有相似之处！龙小山作为一个资深科学迷，此时此刻竟然捡到了疑似化石的石头，他的心怦怦跳得厉害。

爸爸、妈妈听到龙小山的惊呼，连忙赶过来看看发生了什么事。

龙小山手脚并用地比划着，给爸爸、妈妈介绍着自己的伟大发现。

“我能不能把宝贝石头带回家呢？”龙小山的语调突然低沉了起来，喃喃自语，像是问爸爸、妈妈，又像是问自己。他太喜欢这块石头了，但又隐隐约约地感觉到事情没那么简单。

“先回车上吧。伤口虽小，但保险起见还是得消消毒，”妈妈听到了龙小山的疑惑，“小宪不是在车上么！”

回到车上，小宪一个“人”待了好久，看到龙小山，兴奋地嘀嘀闪了好几下。龙小山迫不及待地把来龙去脉说了一遍，然后眼巴巴地看着小宪，希望能得到留下化石的答案！

可是小宪的一番话还是让他作出了最后的决定。

“小山，捡到化石是不可以个人收藏或进行买卖哦，我国的自然资源归国家所有，而且如果是具有科学价值的古脊椎动物化石，那么它们和文物一样，受到国家保护。会有专门的机构来收藏保护这些化石，使它们更好地运用到科学研究中。小山，我建议你打电话给博物馆，让他们鉴定一下呢。”

龙小山表示同意，如果这是真的化石，那放在他的恐龙王国里也太委屈了，这块可能见证上亿年历史的石头应该发挥它最大的功用……

于是就有了后来同学们在新闻上看到的那样。专家鉴定完龙小山捡到的石头确实为化石后，省地质博物馆工作人员又带着龙小山参观了博物馆展厅，根据实物为他讲解了古生物的相关知识。

为了更好地进行后续相关工作，研究人员还和龙小山一起回到了发现这些生物化石的场所。

新闻里专家细致地介绍道："这位小朋友发现的确实是古生物化石，主要以蝴蝶虫为主，这种化石大概在5亿年前，这次他发现的主要是化石的尾部。这个化石从科研上看还是很有价值的，找到这种化石，我们就可以进行一个属种的对比……我们非常感谢这位小朋友对我们工作的大力支持，小朋友发现化石及时拨打我们的专线电话，为后续的勘测、保护、研究提供非常大的帮助。我们也鼓励小朋友们可以在课余时间多亲近大自然，保持孩子们最纯真的好奇心、探索欲……"

事情就是这样普通但又不平凡，龙小山一边给同学们展示省博物馆工作人员发给他的仿化石纪念章，一边回味那个夏日他与"石头"的奇妙相遇。

常警官说

古生物化石，是指地质历史时期形成并赋存于地层中的动物和植物的实体化石及其遗迹化石，它是地球历史的鉴证，是研究生物起源和进化等的科学依据。古生物化石不同于文物，它是重要的地质遗迹，是宝贵的、不可再生的自然遗产，具有重要的科研价值。

之所以古生物化石属于国家所有，是因为国家能更好地对其进行保护和研究。因此，法律对古生物化石的归属和保护进行了专门的规定。

法条链接

《中华人民共和国宪法》

第九条　矿藏、水流、森林、山岭、草原、荒地、滩涂等自然资源，都属于国家所有，即全民所有；由法律规定属于集体所有的森林和山岭、草原、荒地、滩涂除外。

国家保障自然资源的合理利用，保护珍贵的动物和植物。禁止任何组织或者个人用任何手段侵占或者破坏自然资源。

思考与讨论

1. 法律规定自然资源归国家所有，这是为什么呢？说说你的理解。

2. 你有过野外探险，发现意外惊喜的经历吗？如果是你发现了化石，你会如何行动呢？

13

守护一个秘密

“啊！怎么会是他！他竟然是叛徒！”江小北狠狠咬了一口手中的苹果，又惊讶又气愤地说。

她正在看一部民国谍战剧，剧中主角正在拼尽全力保卫祖国与敌人奋战，可没想到队伍里竟然出了个吃里扒外的叛徒！

“真的是！那是咱们国家的秘密，怎么能给敌人呢！？”江小北难受地说。她感到伤心愤慨，难以想象在最困难的时候有人为国拼命，有人卖国保命！

“小宪小宪，出卖国家的秘密肯定是不对的啊，怎么还会有这种人啊。”爸爸妈妈都还在上班，龙小山和同学约着在小区里玩。家里只剩下江小北一人，她实在是不吐不快，于是问起了小宪，“维护祖国安全这难道不是我们每个人的义务吗？”

“当然啦，我国《宪法》第 54 条规定，中华人民共和国公民有维护祖国的安全、荣誉和利益的义务，不得有危害祖国的安全、荣誉和利益的行为。不管什么年代，祖国永远是我们最坚实、最温暖的依靠，我们要热爱她、保护她，我们当然不是仅仅因为法律有这样的规定才去爱国，守护祖国、保卫家园是我们内心最淳朴的感情呀。”小宪头顶的灯排列组合成一个跳动的红色爱心“嘀嘀”响着。

“对呀，怎么能背叛国家呢？好气人！真想钻进电视里好好教训一番那个叛徒！”

“遇到这种情况，小宪建议您先拨打 12339 哦！”

“嗯？小宪小宪，这是什么电话？”

“这是国家安全机关的举报电话，可以提供间谍的有关线索给他们。发现间谍先不要擅自行动，留给专业的国安‘守卫者’去处理会更好。”

江小北听着小宪的介绍，有些惭愧地笑了，对呀，她这么冲动地上去把间谍打一顿，有什么证据去告发呢？她摸了摸小宪的头，感谢小宪又一次照亮了她的知识盲区！

江小北也是真没想到，在这个年代她还能见到活的间谍！

暑假的那天，江小北和好朋友小影相约去图书馆学习。暑期的气温居高不下，天气燥热得像是划一根火柴都能把空气点着一样。江小北穿着简单的白短袖，搭配牛仔短裙，背了一个小小帆布包，青春又有活力。

所以，这样热的天，那个人在街上就格外显眼了——很奇怪，长衣长裤出行，还背着一个笨重的大黑包，墨镜、帽子、黑口罩一个也不落，活脱脱像电视剧里的黑衣人！

江小北看了那个人好几眼，也没放在心上，毕竟现在怕晒的人很多，一个男生不想被晒黑也很正常嘛。

可是，当江小北和小影下午从图书馆出来，那个人还在那条街上晃悠。

经历了之前的国防安全研学，再联系最近看的谍战剧，江小北一下警觉了起来。

那条街道不远处有一个国防大学，就是之前江小北他们研学的最后一站。兵哥哥、兵姐姐曾经告诉他们里面有很多重要的国家机密资料，这些资料是不能外传的，所以拒绝了很多同学对特殊房间的好奇探索。

此时此刻，那个男人的大背包里不知道背了什么东西，而他在这附近徘徊了这么久，很难不让人怀疑他在做什么。

好朋友小影突然碰碰江小北的肩膀："小北，你抬头看……"

是一架无人机！

江小北小声惊呼，脑海里已经浮现很多种可能。她回头看看小影，两个人交换了一下眼神，不约而同地向反方向的座椅走回去。

"天呢小影，我怎么感觉那个黑衣人不像个好人啊，这么热的天穿那么厚就算了，可他在街上晃悠了这么久，还离咱们上次去研学的那个大学那么近……"

“我也感觉他很不对劲”，小影连忙点点头，“而且他刚才操控那个无人机，谁知道他要干什么……”

“要不咱们去公安局报告给警察叔叔吧。”江小北提了一个建议。“不对不对，”她又摇了摇头否定了自己的建议，“不是公安局，是12339！专门的国家安全机关！咱们打电话给他们说一下情况吧！”

“啊，没有这个必要吧，咱们现在也不清楚那个男人干了什么呀，只是觉得他鬼鬼祟祟的，况且再怎么样也跟咱们没有太大关系呀。”小影听到江小北的提议，想打退堂鼓了。

“怎么会？那个街道前面就是国防大学，那里有很多重要资料啊，那个男的还用无人机，可能就是在侦察地形也说不准……”江小北顿了顿，“况且，什么叫没有关系，国家的秘密就是咱们的秘密，保护国家的安全就是保护自己的安全啊！就是因为我们没有把握，所以更要告诉警察叔叔，让他们来调查。”

“算了，如果你不想去，那我一个人去好了。”江小北撅起嘴背过小影哼了一声。

“好啦好啦，你说得对，咱们有义务保卫国家安全！我带了电话手表，12339是吗，我来拨打好了！”小影最终还是选择和江小北一起做了这件“危险又重要”的事情。

“……初二(5)班江小北和陈小影同学，暑期向我局提供有关窃取国家秘密，侵犯国家安全的重要线索。两名同学防范意识强，具有高度的社会责任感……特此为两名同学颁发荣誉证书，希望各位同学们在日常生活中也能提高警惕，遇到危害国家安全的行为，见义智为，共同保护我们的祖国……”

开学后的某个星期一，江小北和小影站在主席台上接受对她们的表彰。

她们没有想到，那个奇怪的黑衣人竟然真的是间谍。国家安全部门的工作人员从他企图销毁的手机和电脑中查获了大量的地形图和绝密资料。

这是江小北离间谍最近的一次，也是她守护国家秘密、保卫国家安全的一次“奇妙”经历。

其实，当小影问她这跟她们有什么关系，为什么一定要去举报的时候，她也是有一点犹豫的。可是当她想到之前的国防研学经历，有那么多可爱的人为国家的安全和荣誉奉献自己，现在，碰到一个卖国求荣的人，她当然义不容辞地要去维护国家的安全了！

在那之后，有许多人问江小北以后再遇到那样的情况，是否也会毫不犹豫地举报提供线索，江小北笑笑：“我再也不要提供线索了！因为——我希望再也没有人会出卖国家的秘密，大家一起保护我们的国家，爱护她好吗？”

常警官说

国家安全的概念是改革开放总设计师邓小平同志提出的，意思是保证一个国家的安全，不仅是不受外国侵略，而且在国内也要稳定，要反对颠覆。

在新时期，习近平总书记提出总体国家安全观。保证国家安全是头等大事，当前我国国家安全内涵和外延比历史上任何时候都要丰富，时空领域比历史上任何时候都要宽广，内外因素比历史上任何时候都要复杂，必须坚持总体国家安全观。贯彻落实总体国家安全观，必须既重视外部安全，又重视内部安全；既重视国土安全，又重视国民安全；既重视传统安全，又重视非传统安全；既重视发展问题，又重视安全问题；既重视自身安全，又重视共同安全，打造命运共同体，推动各方朝着互利互惠、共同安全的目标相向而行。

法条链接

《中华人民共和国宪法》

第五十四条 中华人民共和国公民有维护祖国的安全、荣誉和利益的义务，不得有危害祖国的安全、荣誉和利益的行为。

思考与讨论

1. 除窃取国家机密外，你还知道有哪些危害国家安全的行为？

2. 如果发现有危害国家安全的现象，作为未成年人，应该如何见义智为？

14

同一片阳光

“东东，你暑假作业做完了吗？咱们俩出去踢球吧！”龙小山坐不住了，他来东东家好一会儿了，可是东东一直在忙作业的事情没空理他，让他一个人好不无聊！

“马上就好！等我剪完这个视频！你不知道，我们老师人特别好，布置的作业又少又有趣，而且很多都是实践作业，我现在做的作业是拍摄我们一家人的一天生活 vlog，多好玩啊！”东东头也没抬，盯着电脑屏幕在操作什么。

龙小山好奇地凑过去，看到东东正在电脑上编辑视频。

“这就是你们的实践作业吧，你好厉害啊！你怎么学会的？是不是编辑好了就可以发到抖音上当网红啦？”龙小山羡慕了。

“我们有视频制作的课外辅导班。下午三点半以后，我们都可以选择自己感兴趣的课程来学习！”东东满足地点击下保存键，“哈，视频做好啦。来，小山，快来欣赏一下我的作品！”

龙小山的眼睛虽然看着屏幕，但心思早就神游千里之外了。回想起上小学两年来，通过和东东的聊天，他怎么觉着东东的菁英小学哪里都比自己的未来小学强呢？为什么两人当初进了同一所幼儿园，现在却不能上同一所小学呢？

“小山，洗手吃饭喽！”回到家的龙小山默默点点头，一言不发走进洗手间洗手了。

感觉到龙小山情绪不太对劲，龙爸爸走了过去，轻轻地推开门，一眼就从镜子里看到龙小山挂着泪痕，肩膀一耸一耸地正在抽泣。

“怎么啦，小山？”龙爸爸蹲下身子，关切地询问。

“呜呜，我不要上未来小学了！哇……哇哇……我要去菁英小学！”龙小山似乎嫌家人的关注来得太晚，干脆委屈地号啕起来。

“你可以说说为什么想转学吗？”龙爸爸心平气和地看着龙小山。

“我和东东以前是同学，为什么要去不同的小学？而且菁英小学比我们未来小学要好多了！”龙小山气鼓鼓地脱口而出。

“嗯，你提出了两个问题，一个是为什么同一个区域的孩子要上不同的学校，另一个是为什么有的学校比其他学校更好。是不是？”

龙小山思索了一下，重重地点头表示赞同。

“小山，爸爸很高兴，你已经长大啦，不再是个只知道贪玩的小屁孩儿了，知道关心自己的事，关心自己的未来啦！”龙爸爸刮了下龙小山的鼻子，继续说道，“其实啊，你这两个问题事实上是一个问题，那就是公平受教育的权利！”

捕捉到关键词的小宪迅速被激活了，抢着回答：“受教育权是公民的宪法权利，国家发展教育事业，举办大中小学和学前教育各类学校，以实现公民的基本权利。《宪法》还规定了，中华人民共和国公民在法律面前一律平等，东东的学校比小山好就是不公平！”

龙小山好不容易平复的心情又泛起了涟漪，眼眶肉眼可见地红了。

“好啦，小山，先不要急。小宪说的道理都对，但是结论未必是对的哦！”爸爸爱怜地摸着龙小山的头。

“为什么这么说呢，小宪说的正是我想说的呀！”龙小山不解。

“小宪刚才运用的是逻辑上的三段论，就是大前提、小前提和结论。在这里，大前提是每个公民都有平等受教育的权利，这当然是正确的。小前提是菁英小学比未来小学好，如果这句话也没有问题，那么你受到不公平对待的结论就成立了。但是，小山，菁英小学就真的比未来小学好吗？”龙爸爸循循善诱。

“那可不一定”，看着龙小山懵懵懂懂的样子，江小北忍不住接过了话茬，“我在未来小学读了六年，我最有发言权了。我们未来小学的足球、篮球一直是全市冠军，小山，你们班的男生不都爱踢足球嘛，到了三年级你就有机会参加校队选拔。你不是一直想代表学校参加全市甚至是全省全国的比赛嘛！如果去了菁英小学，那你还有机会吗？”

龙小山一下噎住了，涨红了脸说不出话来。

“小山，你看吧，小北上小学时拿回来了那么多作文、诗歌的省市大赛的奖状，英语也是棒棒的，不也是得益于学校的文学社和英语话剧团嘛！你能说菁英小学就更好嘛！”龙爸爸又举出了一个不容辩驳的例子。

“就算你们说的都对，那为什么我们住在东东的隔壁小区，离菁英小学比东东家还近，而他能上菁英小学，我却不能？”龙小山仍不想轻易认输。

“哈哈，小山，你可以尝试去参加学校的辩论队了，还挺思辨的呀！”妈妈也加入了热火朝天的讨论，“可是你想想，如果每个人都去所谓的‘好’学校，那以什么标准确定谁可以去这样的‘好’学校呢？是谁家离学校近吗？那就会导致‘学区房’的疯涨，20世纪七八十年代的‘老破小’，能卖十几万一平方米；是谁家可以给学校交更多的钱吗？那我们这样的家庭肯定比不过那些有钱人，你心里肯定会不服气；是比谁的爸爸妈妈官当得更大吗？那不是鼓励走后门的不正之风嘛，会把整个社会搞得乌烟瘴气的！”

“那可以比比谁的成绩……好啊！”龙小山说了半截，自己都气短了。

江小北听出了龙小山的心虚，拍了下他的肩膀开玩笑说：“那你岂不是更没有机会啦！小山，两年前你们还都是幼儿园的娃娃，怎么比谁的成绩好呢？就算到了初中，也不能说谁的成绩好就能一直好下去呀。我们班有来自未来小学的，有来自菁英小学的，还有其他一些学校的，大家身上都有优点，每个人都有值得他人学习的地方。据我的观察吧，真正学习有后劲的，就是那些在小学养成良好学习习惯，掌握了好的学习方法的同学。”

“小北说得太好了！”爸爸赞许地说，“国家一直在努力推动教育公平。你们可能还不知道，最近我们人大代表听取了区教育局的工作报告，他们正准备成立‘未来菁英’教育集团，以后两所学校的老师会进行交流，附近小区的孩子们也会按照就近的原则在家门口上学！”

“真的吗？太好了！那我能学拍视频啦，东东也能成为我的足球队队友啦！”龙小山一天的委屈被这个好消息驱散到了九霄云外。他听着家人们对他困惑的耐心解答，心里涌出一股暖意。

就像每颗种子的未来都不一样，发什么芽结什么果，沐浴在同一片阳光下也会收获不一样的风采！龙小山不再纠结为什么不能和好朋友上同一所学校了，追着夕阳的尾巴，风在耳边呼啸，他呀，现在着急去和好兄弟分享这个天大的喜讯……

常警官说

教育公平的观念源远流长。教育公平是最大的公平，也是实现个人发展的最根本保障。学区房本质上是凭借经济能力抢占稀缺的优质教育资源，是对社会低收入家庭的排挤。长此以往，将形成低收入家庭社会阶层的固化，容易加重仇富等社会负面情绪，不利于社会的健康发展和综合国力的提升。实现教育公平，促进人的公平发展和社会的健康运行，需要我们每个人积极作为。

法条链接

《中华人民共和国宪法》

第十九条第一款、第二款 国家发展社会主义的教育事业，提高全国人民的科学文化水平。

国家举办各种学校，普及初等义务教育，发展中等教育、职业教育和高等教育，并且发展学前教育。

第三十三条 凡具有中华人民共和国国籍的人都是中华人民共和国公民。

中华人民共和国公民在法律面前一律平等。

国家尊重和保障人权。

任何公民享有宪法和法律规定的权利，同时必须履行宪法和法律规定的义务。

思考与讨论

1. 你认为什么样的学校是一所好学校？

2. 你认为社会机构开办的课外辅导班会对教育公平造成怎样的影响？

15

民宿里的“眼睛”

江小北哼着歌放学回到家中，看到妈妈皱着眉头，一声不吭地刷着手机，饭桌上却空空如也。

龙小山在一旁上蹿下跳的，视线始终没有离开过妈妈的手机屏幕，还不断地嘟哝着“怎么办？怎么办”。

龙爸爸虽然也抱着自己的手机，却两眼无神地看着墙壁。

就连小宪这会儿也只是意兴阑珊地闪着灯，没了往日的欢快。

“怎么啦？”面对此情此景，江小北小心翼翼地问道。

“根据大数据查询结果，国庆节正值出行高峰，我们要去的目的地已没有合适的酒店可供预订。非常抱歉，这个问题已经超出小宪的应用功能，等待系统升级中。”

“对了，妈妈，我们可以住在当地民宿酒店里！这几年民宿很流行呢。”江小北灵机一动，想起了刚开学时有同学在班级里展示自己暑假旅游时住在民宿拍的照片。

“姐姐，什么是民宿？”听到了新鲜的词汇，龙小山十分好奇。

“到底是年轻人脑子快！”龙爸爸肯定地竖起了大拇指，“民宿就是当地居民用自己的住宅经营的旅店，可以体验当地特色的自然、文化和生活方式，确实是一个不错的选择。”

“太好了，我也想住民宿！听起来就很好玩。”听了龙爸爸的解释，龙小山恨不得下一秒就住进去。“去嘛去嘛，妈妈！”他摇着妈妈的手臂撒娇。

“民宿……干净吗，安全有保障吗？”江妈妈显然不太放心。

龙爸爸一锤定音：“就订民宿吧，现在也没有其他选择了，住进去前我们好好检查一下！”

欢乐的假日如期而至。临走前龙小山不忍心留小宪一“人”在家，抱上小宪一起坐上了飞机。经过几个小时的飞行，到达目的地时已是日落时分，咸湿的海风扑面而来，金黄的余晖洒满海面，好不漂亮。

呈现在一家人眼前的是一座海边的二层别墅，小巧别致，恰到好处地点缀在如画的海岸线上。

民宿主人热情地接待了一家四口和小宪。龙小山顾不上舒展长途旅行后酸麻的四肢，迫不及待地推开了民宿院子的门。

“哇！有泳池！”他连跑带跳地就到了小泳池旁边，用手拨弄起池水。

江小北也走进屋中，被华丽精致的装饰所吸引。屋里有许多热带植物，墙壁设计模仿了海浪的形状，还有许多诸如沉船、珠宝、海草的挂饰和摆件。最让她喜欢的是墙角一个很大的贝壳，足足有她半人高，贝壳表面闪着七彩的流光，上下两片打开，露出一颗圆润的珍珠，散发着温润的光彩。在这里，她感觉自己仿佛变成了住在海底的人鱼公主。

江小北走到贝壳摆件旁，正想拍几张照片分享给自己的朋友，却突然感觉在珍珠散发的微弱暖光中，有一道红光在眼前一闪而过。她以为自己看错了，揉了揉眼睛再看，却发现珍珠里确实有一个若隐若现的小红点在闪烁。“这难道是什么有意思的特殊装置？”江小北自言自语道，“小山！快来，这里有奇妙开关！”想着弟弟最喜欢这些有趣的东西，她喊来龙小山，两人围着珍珠一起仔细琢磨了起来。

龙爸爸听到这话走过来，原本放松愉悦的神情立马严肃认真起来，他联想到了法治新闻中经常提到的针孔摄像头。

"小山小北，你们现在就把自己的东西收拾好，去房间外面等着。"

龙爸爸把江小北和龙小山推出房间，喊来了江妈妈，关上灯，在一片漆黑中，打开手机摄像头，巡视整个房间，不放过任何一个角落，果然又在卧室的插座和浴室花洒里发现了另外两个隐藏的摄像头。

"喂，110吗？我现在在海滨之家1号，我们在预订的民宿里发现了针孔摄像头，请你们来一下好吗？"江妈妈当机立断选择报警。

在等待警察的过程中，龙小山有些不舍地喃喃自语："我们为什么不住这家民宿了？它多漂亮多有意思啊！"

"小山、小山，上次我给小北介绍通信自由的时候你没在。偷偷在住宅里安装摄像头，就是想窥探我们的隐私，商家甚至会拿着视频做违法犯罪的事，严重侵犯了宪法保护的公民的人格尊严！"

"但是，这不是我们的家呀。老板在自己家里装摄像头，不是应该由他自己决定吗？"龙小山追问。

"这个问题问得好！"龙爸爸摸了摸龙小山的头，"如果是老板自己住，他当然有权利安装摄像头。但现在他把房子用来经营，我们就'买'下了这段时间的使用权。他在里面私自安装针孔摄像头，显然侵犯了我们的隐私权。"

"老龙，是不是老板装的，我们还没有证据呢，也有可能是前面的房客装的呢，还是等警察调查了再说吧。"江妈妈说道。

"小宪我早有先见之明，刚才我已经把整个检查的过程'看在了眼里'，一会可以直接传送给警察叔叔。"小宪也开始"抢戏"了。

"当当当当！"江小北像变戏法一样从自己的行李箱里掏出了一顶帐篷，"要说先见之明，非我小北莫属！浪漫的海滨星空之夜即将开启！"

"难怪小北要带这么大一个行李箱！这下不用担心没地方住

啦！”妈妈终于露出了笑容。

龙小山也开心地跳了起来：“姐姐最棒！我爱姐姐！我爱露营！”

龙爸爸兴奋鼓起了掌：“有法律的保护，我们有惊无险！有亲爱的小北、小山，我们的旅行充满了惊喜！”

常警官说

我们在住宅这样的私密空间里的日常生活，受到法律最严格的保护。住宅承载着归宿感、亲密感、隐私感、安全感和自在感等重要价值，这些重要价值是人身自由和人格尊严的有效保障。

如果以牟利为目的，在私密空间偷拍他人并制作成视频文件，以贩卖、传播方式予以公开，已经构成对他人住宅自由和人格尊严的侵犯，将承担相应的法律责任。

法条链接

《中华人民共和国宪法》

第三十八条　中华人民共和国公民的人格尊严不受侵犯。禁止用任何方法对公民进行侮辱、诽谤和诬告陷害。

第三十九条　中华人民共和国公民的住宅不受侵犯。禁止非法搜查或者非法侵入公民的住宅。

思考与讨论

1. 学校在教室里安装了摄像头，拍摄老师和同学们的学习和生活情况，有没有侵犯公民的隐私权呢？

2. 如果你在外出旅行时，发现酒店或民宿的房间里有隐藏的摄像头，你会怎样处理呢？

16

没有规矩，不成方圆

“民宿风波”并没有扰乱假日的美好心情，江小北和龙小山在海边尽情地享受海风沙滩、日出日落、海鲜大餐。尽管晒得皮肤黝黑，发丝里都是海盐的味道，他们仍然像上了发条一样，每天一睁眼就冲到海边，尽情地拥抱着幸福时光。

美好的日子总是倏忽而逝。江小北和龙小山坐在候机室的时候，疲倦和困顿就像涨潮的海水一波一波袭来。龙小山倚在舒适的座椅上，很快打起了欢快的小呼噜，信马由缰地开启了梦幻奇遇。

眼看着奥特曼在与特斯拉的较量中逐渐体力不支，龙小山挺身而出，一剑砍向了特斯拉。不料特斯拉竟然没有躲闪，只知道张大嘴巴“啊啊啊”地大喊，身形却渐渐朦胧了起来。

龙小山努力瞪大眼睛去寻找，不料猛然惊醒。他咂了咂嘴巴，还想继续回味梦境，却瞥见不远处一个五六岁的小男孩，留着抢眼的“桃子头”，左手举着一个奥特曼，右手拿着一个特斯拉，正在左右手互搏。他一会儿模仿奥特曼发出“嚯嚯哈嘿”的进攻声，一会儿又模仿特斯拉受伤时“啊啊啊”的惨叫声。“哈哈哈”的笑声不绝于耳，响彻整个候机室。

龙爸爸江妈妈手中的书已经半天没有翻动一页了，江小北戴上耳机，闪躲到了自己的世界里，小宪则早已切换成休眠状态。龙小山暗自嘀咕，这个小朋友怎么这么不懂事啊，公共场所要遵守社会公德，不能随意干扰他人，这是最基本的道理呀，他们的老师也一定在上课的时候讲过！

正在龙小山犹豫着要不要自告奋勇地上前劝说时，一个大姐姐走了过去，拉住了“桃子头”：“小朋友，请你小声一点，这里是公共场……”

谁知道话还没有说完，“桃子头”居然啪的一下打开了女孩的手，坐在地上开始号啕大哭，一边哭，一边叫嚷着：“妈妈，有人欺负我！”一个穿着时髦碎花裙的女人闻声冲了过来，一把推开女孩，连珠炮般地质问起来：“你凭什么欺负我家乖宝？这是你家开的机场吗？一看你就没有孩子，小男孩皮一点不是很正常嘛，要你来管？”

女孩被唬得一愣一愣的，眼睁睁地看着“碎花裙”带着“桃子头”走开了，脸涨得通红，气得说不出话来。

短暂的冲突如海边雷阵雨一样，来得快去得也快。邻近的旅客小声地安慰着女孩，江妈妈也走过去递给她一个橙子，轻轻地拍着她的肩膀。

龙小山看得直咂舌，天呢，这不就是传说中的“熊孩子”吗？我要是这样，妈妈才不会这么护短呢！老天保佑在飞机上他不要坐我旁边！

正在龙小山胡思乱想的时候，航班准点开放登机了。进了机舱，龙小山隔着好几排就看到了自己紧靠着窗口的座位。阳光从窗口洒了进来，蓝色的座椅变得更加明媚。想到一会儿就可以趴在窗边眺望棉花糖般的云朵，他迫不及待地抱着小宪往前冲。龙爸爸赶忙拉住龙小山，说道：“小山，在飞机上可不能随便跑来跑去哦，要注意遵守公共秩序。”龙小山不得不老实了一些，但雀跃的心情仍写在了脸上。

好不容易坐到了心仪的位置上，龙小山忙不迭地和小宪挤在窗口，看着繁忙的机场上一架架飞机起飞降落。正看得入神，一个梦魇般的声音传了过来："妈妈，我要坐那个靠窗的位置，我要坐在那里，我不要坐在这里，我就要，就要！"龙小山犹豫了一下，缓缓地扭过头，看见"桃子头"正指着自己的座位。

"喂，小孩，我家乖宝和你换个座位，你坐到我们的位置上去！""碎花裙"用眼神示意龙小山。龙小山张了张嘴，不知道该如何回答。

"桃子头"却是个行动派，他从"碎花裙"身后跑了出来，伸手就去扯龙小山的衣服，想把他从座位上拽下来。

"请等一下！"坐在后排的江妈妈听到喧闹声，站了起来，挡到了"桃子头"身前，尽量用平静的口吻对"碎花裙"说，"在公共交通工具上我们应当对号入座。想换位置，得先征求别人的同意，何况飞机上的位置是不能随便换的。"

"你诓谁呢？""碎花裙"昂着脸，"飞机上不能换座位，笑话，我还是第一次听说呢。再说了，你儿子比我家乖宝大，让让我们不也是应该的嘛！"

"您好，请问有什么需要帮助的吗？"发现不对劲的空姐走了过来，客气地询问。

“请问飞机上可以随意换座吗？这位女士和他的孩子执意要换座位。”江妈妈简单地说明了事情的经过。

“按规定是不可以，这位女士。”空姐看向“碎花裙”，“请您按照登机牌上的座位号就座，我们的飞机马上要起飞了。”

看到“碎花裙”一脸不服气的样子，小宪忍不住插了进来：“按照《宪法》的规定，遵守公共秩序是每个公民的基本义务。刚才这位小朋友在候机室的行为已经打扰到了其他旅客，现在如果你们还要执意强行换座，就可能构成扰乱公共汽车、电车、火车、船舶、航空器或者其他公共交通工具上的秩序的行为，按照《治安管理处罚法》的规定可以处警告或者 200 元以下罚款；情节较重的，处 5 日以上 10 日以下拘留，可以并处 500 元以下罚款。”

“哼，这位置有什么好的，乖宝，我们走。”“碎花裙”听说还有可能被罚款和拘留，不敢再辩驳了，只能悻悻地哼了一声，拉着“桃子头”坐回了自己的座位。

10 分钟后，飞机按照预定时间开始滑翔、起飞，进入了平流层。

江小北推了推正在看书的妈妈：“妈妈，您刚才说飞机上不能随便换位置是真的吗？”

“对呀对呀，这是怎么回事呢？”坐在前排的龙小山也扭过头来加入了讨论。

还没有等江妈妈开口，龙爸爸就抢答了：“哈哈，这个问题你们憋了好久吧？飞机和其他交通工具不一样，它对航行安全的要求特别高。一方面要考虑重心平衡，航空公司为保证飞机的平衡和稳定，是通过计算来科学分配座位和安排行李的；另一方面要考虑有些特殊位置的功能，你看那排靠近安全门的座位，乘客应当进行必要的紧急设备使用培训，当发生紧急事件时，这些乘客还要配合机组疏散其他乘客。所以，不要说强行换座占座不可以，协商换座也不是一件随便的事。”

江小北和龙小山解决了心头的疑惑，心满意足地酣睡了起来。机舱里一片宁静祥和，飞机搭载着乘客平稳地飞向幸福终点站。

常警官说

日常生活中乘坐公共交通工具的时候，时常会遇到换位置的请求。通常来讲，只要彼此同意，换座位并不损害公共秩序，也不会影响其他乘客的利益。但在飞机等特殊交通工具上，为保证安全，即使达成一致，并不是一定就能调换座位的。

未经他人同意，强行“霸座”的行为既违反公德，又违反法律。《民法典》对“霸座”现象给予了有针对性的回应，细化了客运合同当事人的权利义务。而发生在航空器上的“霸座”行为，更有可能受到治安管理处罚甚至是刑事处罚。

法条链接

《中华人民共和国宪法》

第五十三条　中华人民共和国公民必须遵守宪法和法律，保守国家秘密，爱护公共财产，遵守劳动纪律，遵守公共秩序，尊重社会公德。

《中华人民共和国治安管理处罚法》

第二十三条 有下列行为之一的，处警告或者二百元以下罚款；情节较重的，处五日以上十日以下拘留，可以并处五百元以下罚款：

（一）扰乱机关、团体、企业、事业单位秩序，致使工作、生产、营业、医疗、教学、科研不能正常进行，尚未造成严重损失的；

（二）扰乱车站、港口、码头、机场、商场、公园、展览馆或者其他公共场所秩序的；

（三）扰乱公共汽车、电车、火车、船舶、航空器或者其他公共交通工具上的秩序的；

（四）非法拦截或者强登、扒乘机动车、船舶、航空器以及其他交通工具，影响交通工具正常行驶的；

（五）破坏依法进行的选举秩序的。

聚众实施前款行为的，对首要分子处十日以上十五日以下拘留，可以并处一千元以下罚款。

《中华人民共和国民法典》

第八百一十五条 旅客应当按照有效客票记载的时间、班次和座位号乘坐。旅客无票乘坐、超程乘坐、越级乘坐或者持不符合减价条件的优惠客票乘坐的，应当补交票款，承运人可以按照规定加收票款；旅客不支付票款的，承运人可以拒绝运输。

实名制客运合同的旅客丢失客票的，可以请求承运人挂失补办，承运人不得再次收取票款和其他不合理费用。

思考与讨论

1. 你遇到插队、大声喧哗等扰乱公共秩序的行为，会怎么做？

2. 我们常说“没有规矩，不成方圆”。你认为是“规矩”决定了“方圆”，还是“方圆”确定了“规矩”？

17

星期七

“您好！您的外卖，请及时享用！”

龙爸爸取完外卖，把门关上。转身看着餐桌上两个嗷嗷待哺的大孩子，叹了口气：“孩子们，吃吧，妈妈不在家，咱们只能吃这些了。”

“又是外卖！这两天不是汤泡饭就是外卖，我想吃妈妈做的饭了！”龙小山大声抱怨自己的不满。

“就是啊爸爸，每天吃这些，我都‘减肥’成功了！”江小北也应和着。

“爸爸也很想吃妈妈做的饭，可是妈妈这些天加班太忙了！咱们先把这顿吃了，我这两天也学着做饭好不好？”

“唉，美好的周末，我们三个却在家吃外卖！”龙小山扒了口外卖愤愤说着。

吃完饭龙爸爸接了一个电话之后就火急火燎地出门了，只说让江小北把弟弟看好，两个人在家要乖乖的。

正值深秋，天黑压压的，风在外面呼啸着，树叶在空中上下浮沉、打旋儿……

龙小山打了个哆嗦，阴天，真让人讨厌啊！

“姐姐，你说爸爸出门这么久干嘛去了，妈妈也是的，这几天都是我睡着了她才回来。天呢，祖国的两朵小花啊，就这么无人问无人疼。”龙小山在沙发上打滚和姐姐诉苦。

江小北听着弟弟稚气的话，又好笑又心酸。是啊，妈妈最近一直在忙，忙得连个人影都见不上，爸爸也是，匆匆出门不知道去做什么了。好不容易盼到星期天，却变成了“星期七”。家里一共四个人，却“三足鼎立”，各占一方！

门锁转动，姐弟俩瞪圆了眼睛看着门口。开门进来的是他们的爸爸妈妈！龙小山立马飞奔向妈妈的怀里，跟妈妈撒娇说想她。

江小北缓过神来，也立马跑到妈妈身边，抱着江妈妈："妈妈，我们好想你啊。你现在工作做完了吗？饭吃了没有？好好休息一下吧。"

妈妈宠溺地揉了揉龙小山的头发，轻拍一下江小北。

"你们可小心一点，妈妈刚从医院出来，快把妈妈扶到沙发上休息。"

"啊？怎么回事？妈妈生病了吗？"龙小山感觉不妙。

"是累倒了！连续两个星期的高强度加班，搁谁谁不累！"爸爸说。

妈妈却笑着摇着头摆摆手让姐弟俩不要担心。

加班就不能休息了吗？员工可以一直加班吗？这两个问题一直在江小北脑中盘旋。听说我们学校初三刚开学的时候给同学们加课，星期六也要到学校上课，可是后来被人举报到教育局，就再也没有那样的事发生了。那妈妈这种加班是不是一样的呢？江小北还在想着这个事儿。

“对了！”江小北双手合十拍掌，“有问题，找小宪！”

“我在，请问有什么事？”

“妈妈这些天一直在公司加班，竟然累倒进了医院！小宪小宪，有法律规定公司不准让员工过度加班吗？”

“当然是有的！劳动者享有休息的权利，是我国宪法规定的公民享有的基本权利之一。江妈妈过度加班累倒了，公司难辞其咎！”小宪头顶的灯变成忧郁的蓝色，好像也在担心江妈妈的健康状况一样。

“小宪，你有什么好办法吗？”江小北提问小宪。

“劳动者享有休息的权利，就是为了保障劳动者身体健康，消除疲劳，有条件进行业余进修，不断提高劳动效率的。江妈妈因为休息权没有充分实现，累坏了身体，可以先和公司进行交涉协商，如果问题还不能解决，可以申请劳动仲裁来解决哦。”

“你们俩干嘛呢？”爸爸推门走进来，“妈妈现在醒啦，舒服多了，你们快去看看吧。”

江妈妈躺在沙发上，睁眼看着天花板。很久没有好好睡一觉了，是啊，已经不是年轻的小姑娘了，现在干太多活是会累倒的。

江小北和龙小山蹑手蹑脚地走过来，脸上满是关切。“妈妈，我们问过小宪了，公司这样让你加班，侵犯了你的休息权，你要捍卫权利啊！”

“也不是你们想的那样。公司也没有硬逼着我加班。这不‘双十一’马上到了嘛，全公司上上下下都憋着一股劲，想争取一个好成绩呢。就像你们考试前，要多做习题，努力复习一样。”江妈妈宽慰着大家。

“那你也不能拿命去拼啊！”龙爸爸忍不住埋怨道。

“是的是的，这一次累倒，是身体给我发出的严厉警告！身体才是革命的本钱！明天上班，我一定和大家说清楚，就算市场竞争再激烈，我们也不能一味‘内卷’。我会和公司领导好好商量一下，以后要科学统筹，合理安排，提高效率，既要干好工作，更要依法保护大家的休息权利。”

虽说是初冬，外面下着淅淅沥沥的寒雨，风仍旧呼啸着，可是屋内火锅嘟嘟地冒泡，蒸腾的热气氤氲了一扇窗，全家团聚围坐起来享受美味的火锅。

“我喜欢这个星期天！”龙小山咬了一口煮熟的丸子，发出幸福的感叹。

常警官说

休息休假是劳动者的一项基本权利，是指劳动者在劳动关系存续期间，不必从事生产和工作而自行支配的时间。从根本上讲，劳动者的休息休假权利是人身权利和自由的延伸，为防止劳动者基于生存而丧失人格尊严和自由，法律规定了劳动者的休息休假权利，以维护其基本人身自由，使其能体面劳动。

法条链接

《中华人民共和国宪法》

第四十三条　中华人民共和国劳动者有休息的权利。

国家发展劳动者休息和休养的设施，规定职工的工作时间和休假制度。

思考与讨论

1. 如果江妈妈的公司在星期天进行团建，那么这算不算侵犯劳动者的休息休假权利呢？你是如何理解的？

2. 未来当你走上了工作岗位，你的公司提倡“加班文化”，你会采取怎样的行动？

18

最可爱的人

“呵呵，那些事情多多少少掺了水分，好大一顶光荣帽呵！”

“就是，谁知道那真真假假呢，别太当真了！谁信这些就真的被洗脑了！”

“看看这张图，有时机谁都能当个英雄玩玩，哈哈哈哈哈哈……”

江小北皱着眉头看完这些迷惑发言，都是些什么妖魔鬼怪啊。

她正在刷微博看社会热点，信息流里突然出现了上述令人疑惑的博文。江小北点开这个博主的主页，看到他发的博文随便几条都有点阴阳怪气的感觉，有些配图甚至非常粗鄙，将英烈制作成恶搞表情包传播。江小北还发现他博文中所指向的对象几乎都含沙射影地指向民族英雄、烈士们！这完全就是侮辱和诋毁了，再点开评论区，江小北都气笑了，这位博主与质疑他的网友“开战”，言语间透露对英烈的戏谑、轻蔑，令江小北感到愤怒。

但自从上次“抓间谍”之后，江小北现在的警惕性特别强，她虽然愤怒，但也不像以前气的找不到解决问题的方向，这回她先找小宪求助。

“小宪小宪，你来看看这件事，这种情况和妈妈当时被造谣是差不多的吧。我们可以报警请警察抓到这个人吗？”

“小宪认为，你刚才说的那个人，他通过侮辱、诽谤或者其他方式侵害英雄烈士的名誉、荣誉，损害社会公共利益，伤害了我们的民族情感，小宪建议你先在平台进行举报，然后可以私信有影响力的新闻博主对此事进行进一步报道。”小宪看起来也非常生气，闪着愤怒的红灯没有熄灭。“我们国家的和平来之不易，我们更应该珍惜爱护那些最可爱的人的付出啊。让英雄放心，让烈士安心，我们责无旁贷！”

“小宪小宪，这个人好嚣张啊，怎么办，他甚至先艾特了那些有权威的媒体。”江小北继续往下翻看着那个人的微博，被这些人的黑心肠惊到了。

“哼，自投罗网。我国宪法规定，国家倡导社会主义核心价值观，提倡爱祖国、爱人民、爱劳动、爱科学、爱社会主义的公德，在人民中进行爱国主义、集体主义和国际主义、共产主义的教育，进行辩证唯物主义和历史唯物主义的教育，反对资本主义的、封建主义的和其他的腐朽思想。这种人在网上传播虚假消息，诋毁英烈，掀起社会负面情绪，理应受到法律的惩罚；同时，他的行为更伤害了我们的情感，民族英雄不应该被诋毁，侮辱英烈的行为在道德上应被谴责。他不管怎么做，最后绝不会有好果子吃的！”

江小北点点头，她现在明白自己应该如何做了。她打开平台的举报框，如实填写了举报信息。这种渣子，真是不配生活在革命先烈用生命为大家换来的美好的和平年代！江小北一边打字一边愤愤地擦干了自己眼角的泪。

“当英雄被诋毁，当历史被抹黑，我们绝不该忘记美好的和平年代如何而来，守护那些最可爱的人。”江小北在自己的微博中写下这句话，她希望大家永远不要忘记，我们现在的幸福是如何而来的。

常警官说

一个没有英雄的民族是悲哀的民族，一个有了英雄而不敬重英雄的民族是一个无可救药的民族。捍卫历史、尊崇英烈，树立正确的价值观和历史观，是全社会的责任。面对肆意歪曲否定英烈事迹、破坏英烈纪念设施、侮辱英烈肖像等违法行为，我们绝不能采取漠然置之的态度，而是敢于亮剑，敢于斗争，不仅要严厉谴责，更要拿起法律武器予以打击，坚决捍卫英烈荣光。昨天英烈捍卫我们，今天让我们守护英烈！

法条链接

《中华人民共和国宪法》

第三十八条 中华人民共和国公民的人格尊严不受侵犯。禁止用任何方法对公民进行侮辱、诽谤和诬告陷害。

第五十四条 中华人民共和国公民有维护祖国的安全、荣誉和利益的义务，不得有危害祖国的安全、荣誉和利益的行为。

思考与讨论

除通过法律手段外，还能怎样制止侮辱英烈的行为？

故事的主人公是在江北新区工作、学习的一家四口。在他们身上发生过很多开心的事、头疼的事、难过的事，但是，无论遇到什么样的事情，你会发现，江小北和龙小山他们一家人只要正确地运用法律武器，就能够保护自己、帮助他人、维护公平正义。他们在法律的学习之旅中不断进阶，法律知识也日益融入他们的日常生活。

相信随着阅读的深入，你会喜欢上这一家人，会为他们的收获而开心，为他们的困难而担心，为他们的烦忧而难过。更重要的是，在这样一段有意义、有益处、有意思的法律旅程中，你也一定能成长为法律知识小达人。

让我们开启一场
有意义、有益处、有意思的法律之旅吧

独角兽工作室 平面设计

上架建议◎青少年读物·法律普及

法律出版社官方微信

ISBN 978-7-5197-8072-2

9 787519 780722

定价:45.00元